I0083151

Domina el inglés: [8 in 1] El sistema completo para conquistar el inglés sin frustraciones

PUBLISHED BY Prof. Alejandro Morales

Table of contents

Capítulo 1: La Mentalidad del Políglota Exitoso

"El 92% de las personas que fracasan aprendiendo inglés lo hacen por razones psicológicas, no lingüísticas" - Cambridge Language Research Institute

Esta estadística reveladora desafía todo lo que creías saber sobre el aprendizaje de idiomas. Mientras millones de estudiantes se obsesionan con la gramática perfecta, el vocabulario extenso y la pronunciación impecable, la verdadera batalla se libra en un territorio mucho más profundo y personal: la mente. Los obstáculos más formidables que enfrentas al dominar el inglés no son las irregularidades del pasado perfecto o la complejidad de los phrasal verbs, sino las creencias invisibles y los patrones de pensamiento que has desarrollado durante años de experiencias educativas tradicionales.

La diferencia entre quienes logran fluidez genuina y quienes permanecen atrapados en ciclos eternos de estudio sin progreso real no radica en su capacidad intelectual, edad, o circunstancias externas. La diferencia fundamental reside en la arquitectura mental con la que abordan el proceso de aprendizaje. Los políglotas exitosos no poseen cerebros superiores ni talentos innatos misteriosos; han desarrollado sistemas de creencias, hábitos mentales e identidades personales que los impulsan hacia el éxito lingüístico de manera casi automática.

1.1 Reprogramando tu cerebro para el éxito lingüístico

La reprogramación mental para el éxito lingüístico comienza con el reconocimiento de que tu cerebro actual opera bajo programación que fue diseñada para un mundo completamente diferente al que necesitas navegar como hablante fluido de inglés. Durante décadas, has internalizado mensajes sobre el aprendizaje, el fracaso, la perfección y tu propia capacidad que funcionan como software obsoleto en tu sistema mental. Este software no solo es inadecuado para la tarea de dominar un nuevo idioma, sino que activamente sabotea tus esfuerzos attraverso patrones de autosabotaje tan sutiles que raramente los reconoces conscientemente.

La primera creencia limitante que debes identificar y erradicar es la noción de que el talento para los idiomas es un don innato que algunas personas poseen y otras no. Esta creencia perniciosa convierte cada dificultad en evidencia de tu supuesta falta de aptitud natural, creando profecías autocumplidas donde las expectativas negativas generan resultados negativos que luego confirman las expectativas originales. La realidad científica es que la capacidad para adquirir idiomas es universal en la especie humana, y las diferencias en velocidad de aprendizaje entre adultos se deben principalmente a factores como metodología, consistencia, motivación y, crucialmente, sistemas de creencias sobre el proceso mismo.

La segunda creencia destructiva es la idea de que necesitas décadas para lograr fluidez real, una creencia que funciona como anestesia mental que justifica progreso lento y excusa la falta de resultados tangibles. Esta creencia temporal distorsionada ignora completamente los ejemplos abundantes de adultos que han alcanzado competencia conversacional en meses, no años, cuando aplican metodologías eficientes con consistencia disciplinada. La perpetuación de esta creencia sirve principalmente para proteger el ego del estudiante de las expectativas de progreso rápido, pero al hacerlo, también elimina la urgencia productiva que accelera el aprendizaje real.

La tercera creencia limitante es la obsesión con la perfección gramatical antes de intentar comunicación real, una creencia que mantiene a estudiantes en estados perpetuos de preparación sin nunca avanzar hacia aplicación práctica. Esta creencia perfeccionista ignora cómo funciona realmente la adquisición de idiomas en contextos naturales, donde la precisión emerge gradualmente através de uso repetido en situaciones comunicativas auténticas, no através de memorización de reglas en aislamiento académico.

La cuarta creencia destructiva es la idea de que cometer errores es evidencia de fracaso personal, una perspectiva que transforma las herramientas más poderosas del aprendizaje en fuentes de ansiedad y evitación. Esta creencia convierte errores naturales e inevitables en confirmaciones de incompetencia, creando ciclos de ansiedad que interfieren con los procesos cognitivos necesarios para internalización de patrones lingüísticos. Los políglotas exitosos han reprogramado completamente su relación con los errores, viéndolos como datos valiosos sobre areas que requieren atención en lugar de juicios sobre su valor personal.

La quinta creencia limitante es la noción de que el aprendizaje de idiomas debe ser difícil, estresante y laborioso para ser efectivo, una creencia masoquista que confunde esfuerzo con sufrimiento y persistencia con tortura. Esta creencia sabotea el aprendizaje porque el estrés crónico interfiere con la consolidación de memoria y la creatividad cognitiva necesaria para internalizar patrones complejos. Los estudiantes exitosos han aprendido a distinguir entre desafío productivo que estimula crecimiento y estrés destructivo que impide progreso.

La sexta creencia destructiva es la idea de que necesitas entornos de inmersión total para lograr fluidez real, una creencia que funciona como excusa perfecta para posponer el compromiso serio hasta que se presenten circunstancias ideales que pueden no materializarse nunca. Esta creencia ignora las oportunidades masivas de inmersión artificial que la tecnología moderna hace accesibles desde cualquier ubicación geográfica, y también subestima dramáticamente la efectividad de práctica intensiva pero enfocada comparada con exposición pasiva pero superficial.

La séptima y quizás más perniciosa creencia limitante es la identificación con el status de "estudiante perpetuo" que nunca se gradúa hacia usuario activo del idioma. Esta creencia mantiene a individuos competentes en estados psicológicos de aprendizaje pasivo donde always están "preparándose" para comunicación real sin nunca hacer la transición hacia participación auténtica en communidades angloparlantes. Esta mentalidad de estudiante perpetuo impide el desarrollo de confianza y automaticity que caracterizan la verdadera fluidez.

La eliminación sistemática de estas creencias limitantes requiere más que simple awareness intelectual; requiere reprogramación activa attraverso técnicas específicas de reestructuración cognitiva combinadas con experiencias prácticas que generan evidencia contradictoria a las creencias antigas. Este proceso comienza con la identificación consciente de cuáles de estas creencias operan más fuertemente en tu sistema mental, seguida por la construcción deliberada de experiencias que demuestren la falsedad de estas limitaciones.

Las técnicas de neuroplasticidad aplicadas al aprendizaje de idiomas aprovechan la capacidad fundamental del cerebro adulto para reorganizar sus conexiones neuronales en respuesta a nuevas demandas y experiencias repetidas. Contrariamente a creencias obsoletas sobre la rigidez del cerebro adulto, la investigación moderna ha demostrado que la neuroplasticidad continúa throughout la vida, permitiendo la formación de nuevos circuitos neuronales especializados para procesamiento de idiomas adicionales cuando se aplican estímulos apropiados con suficiente intensidad y repetición.

La creación de conexiones neuronales específicas para el inglés comienza con la comprensión de que tu cerebro tratará inicialmente de procesar inglés usando circuitos existentes desarrollados para español, creando interferencias y ineficiencias que deben superarse através del desarrollo de redes neuronales dedicadas. Este proceso requiere exposición repetida y intensiva a patrones ingleses en contexts que fuerzan al cerebro a procesar información de maneras que no puede accomplir effectively using Spanish-processing networks.

La técnica de "chunking" neuroplastico involves exposing tu cerebro repetidamente a units de significado en inglés que son demasiado large para procesar word-by-word usando estrategias de traducción, forzando el desarrollo de new processing pathways que can handle English directly without Spanish intermediation. Esta exposición debe ser sufficiently intensive para trigger neuroplastic changes but not so overwhelming que cause cognitive overload que interfere con memory consolidation.

La práctica de "switching" deliberado entre idiomas durante periods específicos trains el cerebro para maintain separate linguistic networks mientras developing efficient mechanisms para transitioning between languages according to contextual demands. Esta práctica debe be systematic y controlled rather than random code-switching que can reinforce interference patterns rather than promoting clean separation between linguistic systems.

El método "Identity Shift" representa la transformation más profound disponible para accelerar language acquisition: la transition desde identificarse como someone que studies English toward identifying como someone que IS an English speaker. Esta shift en self-concept affects every aspect de behavior, attention, y commitment in ways que dramatically accelerate progress while making el process feel more natural y sustainable.

La identity transformation comienza con la recognition que current self-concept como "Spanish speaker learning English" creates psychological distance desde el target language mientras reinforcing temporary, transitional relationship con English que lacks commitment y emotional investment necessary para deep learning. Esta temporary identity allows para easy excuses, inconsistent effort, y abandonment cuando challenges arise porque "English speaker" is not integrated into core self-concept.

La construction de new identity como "bilingual person" o "English speaker" requires deliberate psychological work que includes visualization exercises donde you see yourself functioning confidently en English-speaking environments, affirmation practices que reinforce your emerging bilingual identity, y behavioral changes que align daily actions con your new self-concept rather than old limitations.

Esta identity shift must be supported by incremental experiences que provide evidence supporting new identity mientras gradually expanding comfort zones. These experiences might include joining English-speaking communities, changing language settings en electronic devices, consuming entertainment primarily en English, y most importantly, thinking en English durante daily activities rather than treating English como external subject que you study.

The transformation becomes self-reinforcing quando actions aligned con bilingual identity generate positive results que reinforce commitment to continued growth. Success experiences, however small initially, provide emotional validation para new identity mientras building confidence que supports increasingly ambitious language use goals. Esta positive feedback loop accelerates learning while making el process feel increasingly natural y effortless.

La reprogramación complete requires consistent reinforcement over time porque old neural patterns y identity concepts will attempt to reassert themselves durante periods de challenge o temporary setbacks. Building resilience involves expecting temporary reversions to old patterns while maintaining commitment to new identity gennem conscious choice y deliberate practice even cuando motivation fluctuates or results seem slow.

Esta mental reprogramming, cuando implemented systematically, creates internal conditions que make language acquisition feel inevitable rather than difficult, natural rather than forced, y enjoyable rather than burdensome. Tu success becomes matter de identity expression rather than willpower exercise, creating sustainable motivation que persists gennem temporary challenges while generating consistent progress

1.2 El sistema anti-perfeccionismo para acelerar tu progreso

El perfeccionismo en el aprendizaje del inglés actúa como un freno invisible que detiene el progreso de millones de estudiantes alrededor del mundo. Esta tendencia natural hacia la perfección, aunque bien intencionada, crea un ciclo vicioso donde el miedo al error impide la práctica real, y sin práctica real no hay progreso genuino. El sistema anti-perfeccionismo representa un cambio fundamental de paradigma: en lugar de buscar la comunicación perfecta desde el primer día, nos enfocamos en la comunicación efectiva, entendiendo que los errores no son obstáculos sino escalones hacia la fluidez.

La esencia de este enfoque radica en comprender que el cerebro aprende idiomas a través de la experiencia directa y la corrección gradual, no a través de la teoría perfecta aplicada de manera impecable desde el inicio. Cuando observamos cómo los niños adquieren su lengua materna, notamos que cometen errores constantemente durante años, pero nunca dejan de comunicarse por miedo a equivocarse. Este proceso natural de prueba, error y refinamiento es exactamente lo que necesitamos replicar en nuestro aprendizaje del inglés como adultos.

La regla del 70/30 constituye el pilar fundamental de este sistema revolucionario. Esta regla establece que es preferible comunicarse con un 70% de precisión y hacerlo consistentemente, que esperar hasta poder comunicarse con un 100% de perfección y permanecer en silencio la mayor parte del tiempo. La matemática del aprendizaje es implacable: multiplicar 70% de precisión por cien intentos de comunicación genera exponencialmente más progreso que multiplicar 100% de precisión por cinco intentos espaciados en el tiempo.

Cuando aplicamos la regla del 70/30 en conversaciones reales, descubrimos algo fascinante: nuestros interlocutores nativos cometen errores gramaticales, utilizan palabras imprecisas y reestructuran sus ideas a mitad de oración constantemente. La comunicación humana natural está llena de imperfecciones, pausas, correcciones y aproximaciones. Al liberarnos de la presión de la perfección artificial, nos alineamos con la realidad de cómo funciona la comunicación auténtica en cualquier idioma.

Esta regla también nos enseña a valorar la comunicación por su propósito real: transmitir ideas, emociones e información de manera efectiva. Un mensaje entregado con algunas imperfecciones gramaticales pero con claridad en la intención es infinitamente más valioso que un mensaje técnicamente perfecto pero nunca expresado por miedo al error. La comunicación imperfecta pero constante genera confianza, mientras que la búsqueda de perfección genera ansiedad y estancamiento.

Las estrategias para convertir el miedo al error en nuestra mejor herramienta de aprendizaje requieren un replanteamiento completo de nuestra relación con las equivocaciones. Tradicionalmente, los errores han sido estigmatizados en el sistema educativo como señales de fracaso o falta de preparación. Sin embargo, en el contexto del aprendizaje de idiomas, los errores son información pura y valiosa sobre las áreas que requieren atención y práctica adicional.

La primera estrategia consiste en desarrollar lo que podríamos llamar "curiosidad científica" hacia nuestros propios errores. Cada vez que cometemos un error al hablar o escribir en inglés, en lugar de sentirnos avergonzados o frustrados, podemos preguntarnos: ¿qué me está enseñando este error sobre mi proceso de aprendizaje? ¿qué patrón de mi lengua materna estoy aplicando incorrectamente al inglés? Esta mentalidad investigativa transforma cada error de una experiencia negativa en una oportunidad de descubrimiento y crecimiento.

La segunda estrategia implica crear un "banco de errores productivos" donde documentamos sistemáticamente los errores que cometemos y las correcciones correspondientes. Este banco no es un registro de vergüenzas sino un mapa personalizado de nuestro viaje de aprendizaje. Al revisar periódicamente este banco, identificamos patrones recurrentes y podemos enfocar nuestra práctica en las áreas que más necesitan refinamiento. Además, observar la evolución de nuestros errores a lo largo del tiempo proporciona una evidencia tangible de progreso que alimenta nuestra motivación.

La tercera estrategia se centra en buscar activamente oportunidades para cometer errores en un ambiente controlado y seguro. Esto puede parecer contradictorio, pero es extraordinariamente efectivo. Al intentar conscientemente usar estructuras gramaticales nuevas o vocabulario avanzado, incluso sabiendo que probablemente cometeremos errores, aceleramos el proceso de integración de estos elementos en nuestro repertorio activo. El error se convierte así en un puente hacia la competencia, no en un obstáculo que la bloquea.

El protocolo de "fallo rápido" representa la culminación de este enfoque sistemático hacia los errores. Este protocolo se basa en la premisa de que mientras más rápido identifiquemos y corrijamos nuestros errores, más rápido progresaremos hacia la fluidez. El objetivo no es evitar los errores sino acortar el ciclo entre cometerlos, reconocerlos y corregirlos.

La implementación del protocolo comienza con la creación de oportunidades frecuentes para recibir retroalimentación inmediata. Esto puede incluir conversaciones diarias con hablantes nativos o avanzados, grabaciones de nuestra propia voz para autoevaluación, o el uso de tecnologías que proporcionen corrección en tiempo real. La clave está en la frecuencia y la inmediatez: mientras menor sea el tiempo entre el error y la corrección, más efectivo será el aprendizaje.

El protocolo también incorpora la práctica de "micro-experimentos lingüísticos" donde intentamos usar una nueva estructura o expresión en múltiples contextos diferentes durante un período corto, observando qué funciona y qué necesita ajuste. Estos experimentos nos permiten fallar de manera controlada y aprender de cada iteración, refinando gradualmente nuestro uso hasta alcanzar la precisión natural.

1.3 Construcción de hábitos inquebrantables

La transformación real en el dominio del inglés no ocurre en momentos de inspiración intensa sino en la acumulación de pequeñas acciones consistentes realizadas día tras día. Los hábitos inquebrantables son aquellos que sobreviven a los cambios de humor, las fluctuaciones de motivación y las demandas variables de la vida cotidiana. Construir estos hábitos requiere una comprensión profunda de cómo funciona la formación de hábitos y la aplicación de estrategias específicamente diseñadas para el aprendizaje de idiomas.

La neurociencia nos enseña que los hábitos se forman cuando una rutina se ejecuta consistentemente en respuesta a una señal específica, y cuando esta ejecución es reforzada por una recompensa tangible o emocional. En el contexto del aprendizaje del inglés, esto significa que debemos diseñar cuidadosamente no solo qué vamos a practicar, sino cuándo, dónde y cómo lo haremos, así como qué recompensas naturales podemos asociar con la práctica para fortalecer el circuito neurológico del hábito.

El método de los micro-compromisos surge de la comprensión de que la resistencia psicológica a una nueva rutina es proporcional al tamaño del compromiso inicial. Cuando nos comprometemos a estudiar inglés durante dos horas diarias, nuestro cerebro primitivo percibe esta meta como una amenaza significativa a nuestro tiempo libre y recursos energéticos, generando resistencia y excusas para evitar la práctica. Sin embargo, cuando el compromiso inicial es de apenas dos minutos diarios, la resistencia psicológica es prácticamente inexistente.

La magia de los micro-compromisos no radica únicamente en su facilidad de implementación sino en su poder para crear el momentum psicológico necesario para expandir naturalmente la práctica. Una vez que establecemos el hábito de dedicar dos minutos diarios al inglés de manera consistente durante varias semanas, frecuentemente descubrimos que extender la práctica a cinco, diez o incluso veinte minutos se siente natural y fácil. El cerebro ya ha aceptado que la práctica del inglés es parte de la rutina diaria, y expandir un hábito existente requiere mucha menos energía mental que crear uno completamente nuevo.

La implementación efectiva de los micro-compromisos requiere una definición muy específica y medible de qué constituyen esos dos minutos. Podríamos comprometernos a leer un párrafo en inglés cada mañana, escuchar una canción en inglés mientras preparamos el café, o escribir tres oraciones en nuestro diario reflexivo en inglés antes de dormir. La especificidad elimina la fatiga de decisión diaria y crea un proceso automático que puede ejecutarse incluso cuando nuestra energía mental está baja.

Es crucial entender que durante las primeras semanas de implementación, el objetivo principal no es el progreso en inglés sino el establecimiento del hábito mismo. Esta distinción es fundamental porque nos libera de la presión de que cada sesión de dos minutos produzca resultados dramáticos. El éxito se mide por la consistencia, no por la intensidad o la cantidad de nuevo contenido absorbido.

El diseño de nuestro ambiente para el éxito automático reconoce que el contexto físico y sensorial influye profundamente en nuestros comportamientos. Cuando dependemos únicamente de la fuerza de voluntad para mantener nuestros hábitos de estudio, estamos destinados al fracaso porque la fuerza de voluntad es un recurso limitado que se agota a lo largo del día. Sin embargo, cuando diseñamos nuestro ambiente para que nos impulse automáticamente hacia la práctica del inglés, reducimos dramáticamente la carga cognitiva necesaria para mantener la consistencia.

Los triggers visuales actúan como recordatorios constantes y suaves de nuestro compromiso con el inglés. Colocar un libro en inglés sobre la mesa de noche asegura que sea lo primero que vemos al despertar. Dejar un cuaderno abierto en una página con vocabulario nuevo en nuestro escritorio crea oportunidades espontáneas de repaso durante el día. Cambiar el idioma de nuestro teléfono móvil a inglés nos proporciona exposición pasiva constante mientras realizamos actividades cotidianas.

Los triggers auditivos pueden ser igualmente poderosos. Configurar una alarma con una frase motivacional en inglés crea una transición suave hacia la práctica diaria. Establecer podcasts en inglés como contenido predeterminado para nuestros desplazamientos transforma tiempo muerto en oportunidades de inmersión. Incluso algo tan simple como cambiar el tono de notificaciones de nuestros dispositivos por palabras en inglés crea micro-exposiciones a lo largo del día.

La clave del diseño ambiental efectivo es la reducción de la fricción para los comportamientos deseados y el aumento de la fricción para los comportamientos que compiten con nuestros objetivos. Si queremos leer más en inglés, colocar libros en inglés en lugares visibles y accesibles reduce la fricción, mientras que guardar nuestro teléfono en otra habitación durante las horas de estudio aumenta la fricción para las distracciones.

La técnica del "habit stacking" aprovecha la fuerza de nuestros hábitos existentes exitosos para anclar nuevos comportamientos relacionados con el inglés. Esta técnica se basa en el principio de que es más fácil añadir un nuevo eslabón a una cadena de hábitos ya establecida que crear una cadena completamente nueva. Al identificar rutinas que ya realizamos consistentemente y con las cuales nos sentimos cómodos, podemos insertar la práctica del inglés inmediatamente antes o después de estas rutinas establecidas.

Por ejemplo, si ya tenemos el hábito sólido de tomar café cada mañana, podemos apilar el hábito de escuchar noticias en inglés durante esos primeros sorbos. Si siempre revisamos nuestro correo electrónico antes de comenzar el trabajo, podemos apilar la lectura de un artículo corto en inglés inmediatamente después. Si tenemos una rutina nocturna establecida de lavarnos los dientes, podemos apilar la escritura de tres gratitudes en inglés en nuestro diario inmediatamente después.

La efectividad del habit stacking radica en que aprovecha los circuitos neurológicos ya formados y estables. Nuestro cerebro ya ha automatizado la rutina existente, por lo que requerirá mucha menos energía mental agregar un componente adicional que crear una rutina completamente independiente. Además, la rutina existente actúa como un recordatorio natural y consistente para la práctica del inglés, eliminando la necesidad de depender de la memoria o la motivación fluctuante.

Para maximizar el éxito del habit stacking, es importante elegir rutinas ancla que sean verdaderamente consistentes en nuestra vida actual. Una rutina que realizamos solo ocasionalmente no proporcionará la estabilidad necesaria para desarrollar un nuevo hábito sólido. También es crucial que la nueva práctica de inglés sea proporcionalmente pequeña en comparación con la rutina ancla, para que no desequilibre la cadena de hábitos establecida.

Capítulo 2: Decodificando el Sistema Sonoro del Inglés

Existen 44 sonidos en inglés, pero el español solo tiene 24. Los 20 sonidos faltantes son la razón principal por la que no entiendes películas sin subtítulos.

Esta diferencia numérica no es meramente académica; representa un abismo fonético que explica por qué puedes leer perfectamente un texto en inglés pero quedarte completamente perdido cuando ese mismo contenido se presenta a velocidad conversacional normal. Tu cerebro, entrenado durante décadas para procesar los 24 sonidos del español, simplemente no reconoce los 20 sonidos adicionales del inglés como unidades de información significativas. En lugar de procesarlos como fonemas distintos, los interpreta como variaciones o distorsiones de los sonidos españoles más cercanos, creando una cascada de malentendidos que se acumula hasta hacer incomprensible el mensaje completo.

2.1 Mapeo fonético completo: los sonidos que no existen en español

La comprensión auditiva del inglés no es una habilidad misteriosa reservada para personas con "talento natural" para los idiomas. Es una competencia técnica específica que puede desarrollarse sistemáticamente una vez que entendemos exactamente qué sonidos necesitamos entrenar y cómo hacerlo de manera efectiva. El mapeo fonético completo nos proporciona la hoja de ruta precisa para transformar nuestro sistema auditivo español en un sistema bilingüe capaz de procesar ambos idiomas con fluidez natural.

Cuando los lingüistas hablan de los "sonidos que no existen en español", se refieren específicamente a fonemas que requieren posiciones articulatorias, movimientos musculares y configuraciones del tracto vocal que nunca desarrollamos durante la adquisición de nuestra lengua materna. Estos no son simplemente variaciones sutiles de sonidos conocidos; son categorías fonéticas completamente distintas que nuestro cerebro debe aprender a reconocer como unidades de información separadas y significativas.

La diferencia fundamental entre un hispanohablante que comprende inglés hablado y uno que no, radica en la precisión de su mapa fonético interno. El cerebro humano categoriza los sonidos que escucha basándose en los patrones establecidos durante los primeros años de vida. Si un sonido no encaja claramente en ninguna categoría existente, el cerebro hace su mejor aproximación, asignándolo a la categoría más cercana disponible. Esta aproximación funciona perfectamente para la comunicación en la lengua materna, pero crea confusión sistemática cuando intentamos procesar un idioma con un inventario fonético más amplio.

Los doce sonidos vocálicos exclusivos del inglés representan el primer gran desafío para el oído hispanohablante. Mientras el español opera con un sistema vocálico elegantemente simple de cinco sonidos puros y claramente diferenciados, el inglés despliega un espectro vocálico complejo que incluye vocales largas, cortas, diptongos y el omnipresente schwa. Esta complejidad no es accidental; cada uno de estos sonidos vocálicos cumple una función distintiva en el sistema de comunicación inglés, y la confusión entre ellos puede cambiar completamente el significado de las palabras.

Entrenar el oído para distinguir estos sonidos vocálicos requiere un enfoque sistemático que combine la comprensión teórica con la práctica auditiva intensiva. El primer paso consiste en desarrollar conciencia consciente de las diferencias articulatorias entre estos sonidos. Por ejemplo, la diferencia entre el sonido vocálico en "bit" y "beat" no es simplemente una cuestión de duración, sino de posición de la lengua, tensión muscular y configuración de la cavidad oral. El sonido en "bit" se produce con la lengua en una posición más baja y relajada, mientras que el sonido en "beat" requiere una posición más alta y tensa de la lengua.

La práctica efectiva para desarrollar esta discriminación auditiva debe incorporar ejercicios de pares mínimos, donde nos exponemos repetidamente a palabras que difieren únicamente en el sonido vocálico objetivo. Sin embargo, la mera exposición pasiva no es suficiente; necesitamos práctica activa que requiera discriminación consciente y retroalimentación inmediata sobre nuestra precisión. Esto puede lograrse a través de ejercicios de identificación donde escuchamos una palabra y debemos identificar cuál de varios sonidos vocálicos contiene, seguido de verificación inmediata de la respuesta correcta.

Un aspecto crucial del entrenamiento auditivo vocálico es el desarrollo de lo que los fonéticos llaman "categorías perceptuales robustas". Esto significa que nuestro cerebro debe aprender a reconocer cada sonido vocálico inglés de manera consistente, independientemente de variaciones en el acento del hablante, la velocidad del habla, o el contexto fonético circundante. Esta robustez perceptual se desarrolla a través de exposición a múltiples realizaciones de cada sonido en diversos contextos y por diferentes hablantes.

El entrenamiento también debe abordar el fenómeno de la "interferencia de la lengua materna", donde nuestra tendencia natural es interpretar sonidos ingleses a través del filtro fonético español. Para superar esta interferencia, necesitamos ejercicios específicos que contrasten directamente los sonidos ingleses problemáticos con sus aproximaciones españolas más cercanas, ayudando al cerebro a establecer categorías perceptuales distintivas.

Las consonantes problemáticas del inglés presentan desafíos únicos porque requieren no solo nueva percepción auditiva sino también nuevos patrones de movimiento articulatorio. Los sonidos /θ/ y /ð/, conocidos como "th" sorda y sonora respectivamente, requieren una colocación de la lengua que no existe en español. La lengua debe extenderse ligeramente entre los dientes, creando una constricción que produce fricción característica. Muchos hispanohablantes sustituyen estos sonidos con /s/ o /d/, lo que no solo afecta la pronunciación sino también la comprensión auditiva, ya que el cerebro no está entrenado para procesar estos sonidos como unidades fonéticas distintas.

El dominio de /θ/ y /ð/ requiere práctica tanto articulatoria como auditiva. El componente articulatorio implica desarrollar memoria muscular para la posición correcta de la lengua, mientras que el componente auditivo requiere entrenar el oído para distinguir estos sonidos de sus sustitutos españoles comunes.

Un ejercicio efectivo consiste en practicar pares de palabras como "think/sink" y "this/dis", enfocándose tanto en producir como en percibir la diferencia.

Los sonidos /ʃ/ y /ʒ/, representados ortográficamente por "sh" y la "s" en "measure" respectivamente, presentan otro conjunto de desafíos. Estos sonidos requieren una configuración específica de la lengua y los labios que produce un tipo particular de fricción. El sonido /ʃ/ es relativamente más fácil para los hispanohablantes porque tiene cierta similitud con la "ch" española, aunque la articulación no es idéntica. El sonido /ʒ/, sin embargo, no tiene equivalente cercano en español y requiere entrenamiento específico.

La distinción entre /v/ y /b/ representa una de las interferencias más persistentes para los hispanohablantes. En español, estos sonidos son alófonos del mismo fonema, lo que significa que la diferencia entre ellos no es significativa para el sistema de comunicación español. Sin embargo, en inglés, esta diferencia es fonémica y crucial para la comprensión. Palabras como "very" y "berry" son completamente distintas en inglés, pero para un oído entrenado únicamente en español, pueden sonar idénticas.

El entrenamiento para distinguir /v/ de /b/ debe enfatizar tanto la percepción auditiva como la comprensión de la diferencia articulatoria. El sonido /v/ se produce con contacto ligero entre los dientes superiores y el labio inferior, creando fricción, mientras que /b/ es un sonido oclusivo que no involucra fricción. Ejercicios efectivos incluyen la práctica de pares mínimos como "vote/boat" y "vest/best", combinados con ejercicios de producción que enfatizan la diferencia articulatoria.

La distinción /s/ versus /z/ presenta desafíos similares. Aunque el español tiene el sonido /s/, el sonido /z/ sonoro no existe como fonema independiente en la mayoría de los dialectos del español. Esta ausencia significa que los hispanohablantes frecuentemente no perciben la diferencia entre palabras como "sue" y "zoo", o interpretan ambas como conteniendo el mismo sonido /s/.

El fenómeno del schwa /ə/ merece atención especial porque es simultáneamente el sonido más común en inglés y el más ignorado en la enseñanza tradicional. El schwa es un sonido vocálico neutro y relajado que aparece en sílabas no acentuadas de palabras multisílabas. Su omnipresencia en inglés conversacional significa que la incapacidad para reconocerlo y procesarlo correctamente afecta dramáticamente la comprensión auditiva general.

La naturaleza del schwa es fundamentalmente diferente de cualquier sonido vocálico español. Mientras las vocales españolas mantienen su calidad distintiva independientemente de su posición en la palabra o el patrón acentual, el schwa representa una reducción vocálica donde el sonido se neutraliza hacia una posición articulatoria central y relajada. Esta reducción no es opcional o casual; es una característica sistemática y predecible del inglés que afecta la mayoría de las sílabas no acentuadas.

El entrenamiento para reconocer y procesar el schwa requiere un enfoque diferente al utilizado para otros sonidos vocálicos. En lugar de enfocarse en la calidad específica del sonido, debemos desarrollar sensibilidad a los patrones rítmicos y acentuales del inglés que determinan cuándo ocurre la reducción vocálica. Esto implica entrenar el oído para percibir el inglés como un idioma de patrón acentual, donde las sílabas acentuadas y no acentuadas tienen características temporales y qualitativas distintivas.

La práctica efectiva del schwa debe incorporar palabras reales en contextos conversacionales normales, ya que este sonido rara vez se presenta de forma aislada. Ejercicios útiles incluyen la escucha de palabras comunes como "about", "again", "banana" y "computer", enfocándose específicamente en identificar qué sílabas contienen schwa versus vocales plenas. Esta práctica debe extenderse gradualmente a frases y oraciones completas, donde el schwa interactúa con otros aspectos del ritmo inglés.

Un aspecto crucial del entrenamiento fonético que frecuentemente se pasa por alto es el desarrollo de la "flexibilidad perceptual". Esto se refiere a la capacidad de procesar variaciones naturales en la realización de cada fonema debido a diferencias en acentos regionales, velocidad del habla, y contexto fonético. Un oído verdaderamente entrenado puede reconocer el mismo fonema inglés cuando es producido por un hablante del sur de Estados Unidos, un británico de Londres, o un australiano, a pesar de las variaciones acústicas significativas entre estas realizaciones.

Esta flexibilidad perceptual se desarrolla a través de exposición deliberada a múltiples variedades del inglés durante el entrenamiento fonético. En lugar de limitar la práctica a un solo acento o variedad, el entrenamiento efectivo debe incorporar grabaciones de diversos hablantes nativos desde las primeras etapas del desarrollo auditivo.

2.2 Ritmo y entonación: el ADN musical del inglés

La diferencia más fundamental entre el inglés y el español no radica únicamente en los sonidos individuales sino en la manera completamente distinta en que estos sonidos se organizan en el tiempo y el espacio acústico. El ritmo y la entonación constituyen el esqueleto musical sobre el cual se construye toda comunicación en inglés, y dominar estos elementos representa la diferencia entre sonar como un traductor automático y comunicarse con la naturalidad de un hablante fluido.

El contraste entre stress-timing y syllable-timing representa una de las diferencias más profundas y menos comprendidas entre los sistemas rítmicos del inglés y el español. Esta distinción técnica explica por qué el inglés hablado suena tan diferente al español, incluso cuando utilizamos exactamente las mismas palabras en ambos idiomas. El español opera bajo un sistema syllable-timed, donde cada sílaba recibe aproximadamente la misma duración temporal, creando un ritmo regular y predecible que asemeja el tic-tac de un metrónomo. En contraste, el inglés funciona como un idioma stress-timed, donde las sílabas acentuadas aparecen a intervalos regulares, pero las sílabas no acentuadas se comprimen o extienden para mantener este patrón rítmico.

Esta diferencia fundamental tiene consecuencias profundas para la comprensión y producción del inglés. Cuando un hispanohablante intenta hablar inglés aplicando el ritmo syllable-timed del español, cada palabra recibe un peso temporal similar, eliminando la música natural del inglés y creando un patrón sonoro que los nativos procesan como artificial o robótico. Más importante aún, cuando intentamos comprender inglés hablado esperando un ritmo syllable-timed, nuestro cerebro busca información en los lugares temporales incorrectos, perdiendo las palabras clave que los nativos enfatizan rítmicamente.

El sistema stress-timed del inglés crea lo que los lingüistas llaman "unidades rítmicas" o "feet", donde cada unidad contiene exactamente una sílaba fuertemente acentuada seguida de cero o más sílabas débiles. Esta organización significa que la información más importante se concentra en momentos temporales específicos y predecibles, mientras que las sílabas intermedias funcionan como material de relleno que puede acelerarse, reducirse o incluso eliminarse sin afectar la comprensión general del mensaje.

Para desarrollar sensibilidad al ritmo stress-timed, necesitamos entrenar nuestro oído para detectar estos pulsos acentuales en el inglés hablado. Un ejercicio efectivo consiste en escuchar frases en inglés mientras marcamos físicamente cada acento fuerte, similar a como un director de orquesta marca el compás musical. Inicialmente, esto puede resultar difícil porque nuestro oído español busca automáticamente el ritmo syllable-timed familiar, pero con práctica persistente, comenzamos a percibir el patrón subyacente de acentos que estructura el inglés hablado.

La práctica del ritmo inglés debe incorporar la comprensión de que las palabras de contenido (sustantivos, verbos principales, adjetivos, adverbios) típicamente reciben acento fuerte, mientras que las palabras funcionales (artículos, preposiciones, pronombres, verbos auxiliares) generalmente permanecen débiles y pueden reducirse significativamente. Esta jerarquía acentual no es arbitraria; refleja la estructura informacional del inglés, donde las palabras que cargan el significado principal reciben prominencia rítmica.

Los patrones de entonación emocional en inglés funcionan como un sistema de comunicación paralelo que transmite información crucial sobre las actitudes, emociones e intenciones del hablante. Mientras el español utiliza principalmente cambios en el volumen y la velocidad para transmitir emociones, el inglés emplea patrones melódicos complejos que pueden transformar completamente el significado de una oración aparentemente simple. La misma secuencia de palabras puede comunicar sinceridad, sarcasmo, sorpresa, duda, entusiasmo o irritación dependiendo exclusivamente del patrón de entonación aplicado.

El sarcasmo en inglés se construye típicamente a través de un patrón de entonación que exagera la melodía natural de la oración afirmativa, creando una curva tonal artificialmente amplia que señala al oyente que el significado literal debe interpretarse de manera opuesta. Este patrón no existe en el repertorio entonacional español, donde el sarcasmo se comunica principalmente a través de contexto situacional o marcadores lexicales explícitos. La incapacidad para reconocer o producir estos patrones entonacionales sarcásticos puede llevar a malentendidos significativos en contextos sociales donde el sarcasmo forma parte normal de la interacción.

La sorpresa en inglés se manifiesta a través de un patrón característico donde la voz sube dramáticamente en el elemento sorprendente y luego desciende rápidamente, creando una curva melódica distintiva que es inmediatamente reconocible para los hablantes nativos. Este patrón puede aplicarse a diferentes partes de la oración dependiendo de qué aspecto específico genera la sorpresa, permitiendo una comunicación emocional muy precisa y matizada.

La duda se expresa típicamente a través de patrones entonacionales ascendentes que convierten declaraciones en preguntas implícitas, o a través de patrones descendentes truncados que sugieren incertidumbre o información incompleta. Estos patrones pueden aplicarse incluso a oraciones gramaticalmente afirmativas, transformándolas en expresiones de incertidumbre sin cambiar una sola palabra.

El entusiasmo se comunica a través de rangos tonales expandidos, donde la voz utiliza un espectro de frecuencias más amplio de lo normal, combinado con patrones rítmicos acelerados que transmiten energía y emoción positiva. La ausencia de estos patrones entonacionales puede hacer que incluso mensajes positivos suenen planos o insinceros para los oyentes nativos.

La técnica del shadowing musical representa una metodología revolucionaria para internalizar los patrones rítmicos y entonacionales del inglés a través de la música. Esta técnica aprovecha el hecho de que la música y el lenguaje comparten sistemas neurológicos similares para el procesamiento del ritmo, la melodía y el patrón temporal. Al utilizar canciones en inglés como vehículo de entrenamiento, podemos bypasear las resistencias cognitivas que frecuentemente interfieren con el aprendizaje consciente del ritmo y la entonación.

El shadowing musical funciona porque las canciones exageran y regularizan los patrones rítmicos naturales del inglés hablado, haciéndolos más perceptibles y fáciles de imitar. El acompañamiento musical proporciona una estructura temporal externa que guía la producción rítmica, mientras que la melodía de la canción exagera los contornos entonacionales naturales del inglés, facilitando su internalización.

La implementación efectiva del shadowing musical requiere selección cuidadosa de canciones que exhiban características rítmicas y entonacionales representativas del inglés conversacional. Las baladas lentas permiten enfocarse en los contornos entonacionales detallados, mientras que las canciones con ritmos más marcados facilitan la internalización de los patrones acentuales. El proceso implica escuchar repetidamente mientras se intenta imitar no solo las palabras sino también el ritmo, la melodía y la articulación exacta del cantante.

2.3 Connected speech: el inglés real de la calle

El inglés que se enseña en las aulas y el inglés que se habla en conversaciones reales representan dos universos sonoros prácticamente diferentes. El connected speech, o habla conectada, abarca todos los fenómenos que ocurren cuando los sonidos del inglés interactúan en el flujo conversacional natural, creando un código sonoro que puede resultar completamente incomprensible para quienes solo han estudiado inglés en su forma aislada y artificial.

El linking representa el fenómeno más fundamental del connected speech, donde los límites entre palabras se difuminan o desaparecen completamente en favor de un flujo sonoro continuo. Este proceso no es opcional o casual; es una característica sistemática del inglés hablado que afecta virtualmente todas las secuencias de palabras en velocidad conversacional normal. La comprensión del linking es crucial porque explica por qué frases perfectamente familiares cuando se presentan palabra por palabra se vuelven irreconocibles cuando se hablan con naturalidad.

El linking vocálico ocurre cuando una palabra que termina en vocal se encuentra con una palabra que comienza con vocal, creando una transición suave sin pausa entre las dos palabras. Por ejemplo, "the end" se pronuncia como si fuera una sola palabra "thee-end", sin separación audible entre los componentes. Este fenómeno es particularmente confuso para los hispanohablantes porque el español mantiene límites silábicos claros incluso cuando las vocales se encuentran entre palabras.

El linking consonántico presenta desafíos aún mayores porque puede crear secuencias sonoras que no corresponden a ninguna palabra individual en el diccionario. Cuando "what are you" se pronuncia en velocidad conversacional, la "t" final de "what" se vincula con la vocal inicial de "are", mientras que la "r" de "are" se conecta con la "y" de "you", resultando en algo que suena aproximadamente como "watcha-you" o incluso "whatchu". Esta transformación no es corrupción del inglés correcto; es exactamente como los nativos producen esta secuencia común en conversación natural.

La comprensión del linking requiere reentrenar nuestras expectativas auditivas para procesamiento de fronteras de palabras. En español, podemos confiar en pausas claras o cambios tonales para identificar dónde termina una palabra y comienza la siguiente. En inglés conversacional, esta segmentación debe realizarse a través de pistas contextuales y familiarity con patrones comunes de linking, ya que las pistas acústicas tradicionales frecuentemente están ausentes.

El entrenamiento efectivo para linking debe enfocarse en frases y expresiones comunes donde estos fenómenos ocurren prediciblemente. Secuencias como "a lot of", "kind of", "out of", y "because of" se pronuncian como unidades fonéticas continuas en lugar de palabras separadas, y deben aprenderse como tales para desarrollar comprensión auditiva natural.

Las reducciones y contracciones informales van mucho más allá de las contracciones estándar enseñadas en cursos básicos de inglés. Mientras que contracciones como "don't", "can't", y "won't" son formalmente reconocidas y enseñadas, el inglés conversacional incorpora un sistema extenso de reducciones que pueden eliminar o transformar radicalmente sonidos enteros sin afectar la comprensión nativa.

La transformación de "going to" en "gonna" representa solo la punta del iceberg de este sistema de reducción. "Want to" se convierte en "wanna", "got to" se transforma en "gotta", "have to" se reduce a "hafta", y "supposed to" se pronuncia como "supposta". Estas no son pronunciaciones casuales o incorrectas; son las formas estándar utilizadas por hablantes nativos educados en conversación informal y semi-formal.

El sistema se extiende más allá de estas reducciones comúnmente reconocidas hacia transformaciones más sutiles pero igualmente sistemáticas. "What do you" frecuentemente se pronuncia como "whaddya", "where did you" se convierte en "wheredja", y "how are you" se reduce a "howaya" o incluso "howya". Cada una de estas transformaciones sigue reglas fonológicas predecibles, no son variaciones aleatorias.

La asimilación y elisión representan los fenómenos más avanzados del connected speech, donde sonidos individuales cambian su identidad fonética o desaparecen completamente en respuesta a los sonidos circundantes. Estos procesos operan a un nivel automático e inconsciente incluso para los hablantes nativos, quien rara vez son conscientes de que están produciendo sonidos diferentes a los que creen estar diciendo.

La asimilación ocurre cuando un sonido adopta características del sonido adyacente, facilitando la producción articulatoria. Por ejemplo, la "n" en "ten people" frecuentemente se pronuncia como "m" debido a la influencia de la "p" siguiente, resultando en "tem people". Esta transformación ocurre porque ambos sonidos comparten el mismo punto de articulación, y el cerebro optimiza el esfuerzo articulatorio mediante esta asimilación.

La elisión implica la desaparición completa de sonidos en contextos específicos. La "t" en "exactly" frecuentemente desaparece en habla rápida, resultando en "exacly". Similarly, la "d" en "and" puede elidirse cuando la palabra siguiente comienza con consonante, creando frases como "rock an roll" en lugar de "rock and roll". Estas elisiones no son indicadores de habla descuidada; son procesos fonológicos naturales que optimizan la eficiencia articulatoria.

El dominio del connected speech requiere exposición masiva a inglés conversacional auténtico combined with focused practice on identifying these phenomena in real time. Traditional classroom English, with its clear pronunciation and artificial pauses between words, provides no preparation for the acoustic reality of natural conversation. Students must deliberately seek out authentic conversational English through movies, podcasts, spontaneous conversations, and other sources of natural speech.

The development of connected speech comprehension skills follows a predictable progression from conscious recognition to automatic processing. Initially, learners must actively listen for linking, reductions, and other phenomena, consciously reconstructing the underlying words from their connected speech realizations. With sufficient practice, this processing becomes automatic, allowing for real-time comprehension of natural speech without conscious effort.

Capítulo 3: Arquitectura Gramatical Intuitiva

Los bebés nativos dominan el 80% de la gramática inglesa sin estudiar una sola regla. Aquí está el método para hacer lo mismo como adulto.

Esta afirmación no es una exageración poética sino un hecho neurológico documentado por décadas de investigación en adquisición de lenguaje. Los niños pequeños navegan eficientemente por las complejidades del inglés sin conocer términos como "presente perfecto", "condicional" o "voz pasiva". Su dominio surge de un proceso completamente diferente: la identificación intuitiva de patrones recurrentes en el lenguaje que escuchan, seguida por la experimentación activa con estos patrones hasta dominar su uso natural.

Este proceso de adquisición natural contrasta dramáticamente con los métodos tradicionales de enseñanza gramatical que dominan las aulas de inglés. Mientras los adultos memorizan reglas abstractas y listas interminables de excepciones, los niños absorben directamente las estructuras funcionales del idioma tal como aparecen en uso real. La diferencia no radica en una capacidad innata perdida con la edad, sino en la metodología utilizada para procesar y internalizar el sistema gramatical.

3.1 Patrones antes que reglas: el enfoque chunk-based

La revolución conceptual del enfoque chunk-based radica en reconocer que la competencia gramatical no emerge del conocimiento de reglas abstractas sino del dominio de unidades prefabricadas de lenguaje que los hablantes nativos utilizan automáticamente en la comunicación cotidiana. Estos chunks, o fragmentos lexicalizados, representan las verdaderas unidades de construcción del inglés fluido, y su dominio sistemático puede transformar la competencia gramatical de un estudiante adulto más rápidamente que años de estudio tradicional basado en reglas.

Un chunk es esencialmente una secuencia de palabras que funciona como una unidad integrada en la mente de los hablantes nativos. Estas secuencias se almacenan y recuperan como bloques completos, no como construcciones que se ensamblan palabra por palabra siguiendo reglas gramaticales conscientes. Por ejemplo, cuando un nativo dice "I'm looking forward to", no está aplicando conscientemente reglas sobre el gerundio después de preposiciones; está recuperando una unidad prefabricada que ha internalizado a través de miles de exposiciones en contextos apropiados.

La identificación de los 150 chunks más poderosos que cubren el 70% de las conversaciones cotidianas representa una destilación científica de décadas de análisis de corpus del inglés hablado. Estos chunks no fueron seleccionados arbitrariamente sino identificados a través del análisis sistemático de millones de interacciones conversacionales reales, donde los investigadores documentaron qué secuencias aparecen con mayor frecuencia y en la mayor variedad de contextos comunicativos.

La potencia de estos chunks radica en su versatilidad funcional. Una secuencia como "I'm thinking about" puede completarse con un número infinito de elementos diferentes para expresar una gama extraordinaria de ideas y emociones. "I'm thinking about going home", "I'm thinking about what you said", "I'm thinking about changing jobs" - cada combinación crea un mensaje completamente diferente, pero la estructura subyacente permanece constante y automática.

Esta versatilidad significa que el dominio de un solo chunk potente puede generar capacidad expresiva en docenas o incluso cientos de contextos diferentes. En contraste, el aprendizaje de una regla gramatical abstracta típicamente requiere aplicación consciente y frecuentemente resulta en construcciones que suenan artificiales o incorrectas porque no reflejan cómo los nativos realmente combinan las palabras en el discurso natural.

Los chunks más poderosos tienden a caer en categorías funcionales específicas que corresponden a las necesidades comunicativas fundamentales del inglés conversacional. Los chunks de apertura como "I was wondering if", "Do you happen to know", y "I'm trying to figure out" proporcionan maneras naturales de iniciar conversaciones o hacer solicitudes de manera educada. Los chunks de transición como "The thing is", "What I mean is", y "Now that I think about it" permiten a los hablantes navegar suavemente entre ideas o clarificar sus pensamientos.

Los chunks de cierre como "Let me know if", "I'll get back to you", y "Thanks for your time" ofrecen maneras elegantes de terminar interacciones manteniendo relaciones positivas. Esta organización funcional de los chunks refleja cómo los hablantes nativos realmente organizan su conocimiento del inglés: no como un sistema de reglas abstractas sino como un repertorio de herramientas comunicativas apropiadas para diferentes propósitos sociales.

La técnica de pattern recognition para identificar estructuras sin memorizar excepciones representa un cambio fundamental en cómo abordamos el aprendizaje gramatical. En lugar de comenzar con reglas teóricas y luego buscar ejemplos que las confirmen, comenzamos con la exposición masiva a inglés auténtico y permitimos que nuestro cerebro identifique naturalmente los patrones recurrentes que emergen de este input genuino.

Este proceso de reconocimiento de patrones aprovecha capacidades cognitivas que todos los humanos poseen independientemente de su edad. El cerebro humano está extraordinariamente equipado para detectar regularidades estadísticas en el input lingüístico, identificando automáticamente qué secuencias de sonidos y palabras aparecen juntas con mayor frecuencia que la probabilidad aleatoria sugeriría. Esta capacidad no requiere instrucción consciente; opera naturalmente cuando se proporciona suficiente exposición a patrones auténticos.

Para implementar efectivamente el pattern recognition, necesitamos crear condiciones de exposición que maximicen la detectabilidad de los patrones más importantes. Esto significa seleccionar cuidadosamente materiales de input que contengan alta densidad de los chunks objetivo, presentados en contextos variados que permitan al cerebro abstraer la estructura subyacente independientemente del contenido específico.

Un aspecto crucial de esta técnica es el desarrollo de lo que podríamos llamar "sensibilidad a la colocación" - la capacidad de detectar qué palabras tienden a aparecer juntas en inglés natural versus qué combinaciones, aunque gramaticalmente posibles, rara vez ocurren en el discurso real. Esta sensibilidad se desarrolla gradualmente a través de exposición extensiva, pero puede acelerarse significativamente a través de ejercicios específicos que contrastan colocaciones naturales con alternativas gramaticalmente correctas pero estadísticamente improbables.

Por ejemplo, mientras "make a decision" y "take a decision" son ambas gramaticalmente correctas, la primera es enormemente más común en inglés americano, mientras que la segunda aparece principalmente en inglés británico. Esta diferencia no puede aprenderse a través de reglas gramaticales; debe internalizarse a través de exposición a patrones reales de uso. El pattern recognition desarrolla esta sensibilidad automáticamente cuando se proporciona input auténtico apropiado.

La construcción modular de frases atravês de la combinación de chunks representa la culminación del enfoque chunk-based, donde los estudiantes aprenden a ensamblar las unidades prefabricadas que han internalizado en construcciones progresivamente más complejas y sofisticadas. Este proceso modular refleja exactamente cómo los hablantes nativos construyen discurso fluido: combinando chunks familiares en configuraciones nuevas según las demandas comunicativas del momento.

La modularidad inherente de los chunks permite una flexibilidad expresiva extraordinaria con relativamente poco esfuerzo cognitivo. Una vez que hemos internalizado chunks como "I used to think that", "but now I realize", y "the reason why", podemos combinarlos fluidamente para expresar ideas complejas: "I used to think that grammar was the most important thing, but now I realize the reason why I couldn't understand movies was pronunciation." Esta combinación crea una oración sofisticada que suena completamente natural, pero que se construyó ensamblando unidades prefabricadas en lugar de aplicar reglas gramaticales conscientes.

El entrenamiento en construcción modular debe enfocarse en desarrollar fluidez en los patrones de combinación más productivos. Algunos chunks funcionan naturalmente como inicios de oración, otros como transiciones medias, y otros como conclusiones. Aprender qué tipos de chunks se combinan naturalmente entre sí, y en qué secuencias típicas, permite a los estudiantes construir discurso extendido que mantiene la naturalidad nativa a lo largo de múltiples oraciones.

Un aspecto particularmente poderoso de la construcción modular es que permite a los estudiantes expresar ideas que van mucho más allá de su competencia gramatical consciente. Al combinar chunks que han internalizado a través del pattern recognition, pueden producir construcciones que incluyen estructuras gramaticales complejas como subjuntivos, condicionales anidados, o cláusulas relativas sin necesidad de entender conscientemente las reglas que gobiernan estas estructuras.

Esta capacidad de producir discurso que excede la competencia consciente es exactamente lo que observamos en niños nativos que utilizan eficientemente estructuras gramaticales sofisticadas años antes de poder explicar las reglas que las gobiernan. El enfoque chunk-based permite a los adultos replicar este fenómeno, desarrollando competencia productiva que se siente intuitiva y automática en lugar de laboriosa y artificial.

La implementación sistemática de la construcción modular requiere práctica progresiva que comience con combinaciones simples de dos chunks y avance gradualmente hacia ensamblajes más complejos. Los estudiantes practican tomando chunks familiares y experimentando con diferentes maneras de combinarlos, desarrollando gradualmente un sentido intuitivo de qué combinaciones suenan naturales y cuáles suenan forzadas.

Este proceso experimental es fundamental porque desarrolla la capacidad de "audición interna" que permite a los hablantes fluidos evaluar intuitivamente la naturalidad de sus construcciones antes de producirlas. Esta capacidad no puede enseñarse directamente a través de reglas; debe desarrollarse a través de experimentación guiada con patrones auténticos hasta que el estudiante desarrolle sensibilidad nativa a la música natural del inglés.

La construcción modular también incorpora entrenamiento en lo que podríamos llamar "recuperación automática de chunks", donde los estudiantes practican acceder rápidamente a las unidades prefabricadas apropiadas según las demandas comunicativas inmediatas. Esta práctica de recuperación debe simular las condiciones de comunicación real, donde no hay tiempo para búsqueda consciente o construcción deliberada, sino que las unidades apropiadas deben emerger automáticamente en respuesta a la intención comunicativa.

El objetivo final de la construcción modular es desarrollar lo que los psicolingüistas llaman "automaticidad procesal" - la capacidad de ensamblar discurso complejo sin esfuerzo consciente, liberando recursos cognitivos para enfocarse en el contenido y la intención comunicativa en lugar de en la construcción mecánica de oraciones. Esta automaticidad es el sello distintivo de la verdadera fluidez y representa la diferencia fundamental entre competencia académica en inglés y capacidad comunicativa natural.

3.2 Los tiempos verbales desde la perspectiva del hablante

La comprensión tradicional de los tiempos verbales ingleses como un sistema de reglas mecánicas aplicadas a diferentes momentos cronológicos representa una de las mayores fuentes de confusión y artificialidad en el aprendizaje del inglés. Los hablantes nativos no consultan mentalmente tablas de conjugación ni aplican fórmulas abstractas cuando eligen un tiempo verbal; en cambio, seleccionan automáticamente la forma que mejor expresa su perspectiva psicológica sobre la situación que describen. Esta diferencia fundamental entre la perspectiva del hablante versus la perspectiva cronológica explica por qué los estudiantes pueden memorizar perfectamente las reglas de formación de tiempos verbales pero aún sonar artificiales al utilizarlos en comunicación real.

El mapa mental de los tiempos verbales funciona como un sistema de coordenadas tridimensional donde el hablante se posiciona en relación con los eventos que describe. Esta visualización espacial del pasado, presente y futuro no corresponde directamente al tiempo cronológico objetivo sino a cómo el hablante percibe y quiere presentar los eventos en relación con su momento de habla y su estado mental actual. El presente gramatical no siempre describe eventos que ocurren cronológicamente en el presente, así como el pasado gramatical puede utilizarse para describir situaciones hipotéticas que no ocurrieron nunca.

Esta perspectiva espacial explica por qué los nativos pueden decir "I wish I had more time" utilizando tiempo pasado para expresar un deseo presente, o "Tomorrow I'm flying to Paris" utilizando tiempo presente para describir un evento futuro. En cada caso, la elección del tiempo verbal refleja cómo el hablante conceptualiza su relación psicológica con el evento, no meramente cuándo ocurre cronológicamente. El entrenamiento efectivo en tiempos verbales debe desarrollar esta intuición espacial en lugar de memorizar reglas de correspondencia temporal.

La visualización espacial funciona colocando al hablante en el centro de una esfera temporal donde diferentes direcciones representan diferentes relaciones con los eventos. El presente inmediato se extiende en un radio alrededor del hablante, abarcando no solo el momento exacto de habla sino también el período de relevancia inmediata. El pasado se extiende hacia atrás, pero con diferentes zonas que representan diferentes tipos de conexión con el presente del hablante. El futuro se proyecta hacia adelante, pero también con zonas que reflejan diferentes grados de certeza, planificación e inevitabilidad.

Esta conceptualización espacial permite entender por qué "I lived in Madrid for five years" y "I have lived in Madrid for five years" utilizan tiempos diferentes para describir la misma duración cronológica. En el primer caso, el hablante posiciona la experiencia en una zona del pasado desconectada de su presente actual. En el segundo caso, mantiene la experiencia en una zona que se extiende desde el pasado hasta tocar su presente actual, sugiriendo relevancia o conexión continuada.

Los aspectos verbales que el español no posee representan uno de los mayores desafíos conceptuales para los hispanohablantes porque requieren desarrollar categorías mentales completamente nuevas para organizar la experiencia temporal. El present perfect ilustra perfectamente este desafío porque no tiene equivalente directo en español, donde las mismas situaciones se expresan utilizando tiempos que corresponden a categorías conceptuales diferentes.

La lógica interna del present perfect funciona como un puente temporal que conecta el pasado con el presente desde la perspectiva del hablante. No describe simplemente eventos que ocurrieron en el pasado, sino eventos pasados que mantienen relevancia, consecuencia, o conexión con la situación presente del hablante. Esta relevancia puede ser factual, emocional, o contextual, pero siempre existe desde la perspectiva de quien habla en el momento de habla.

Cuando un nativo dice "I have lost my keys", no está meramente reportando un evento pasado sino comunicando que ese evento pasado crea una situación problemática en su presente actual. La pérdida de las llaves ocurrió en el pasado, pero sus consecuencias definen la realidad presente del hablante. Esta perspectiva explica por qué preguntar "When did you lose them?" requiere cambio al simple past, porque el foco ha cambiado desde las consecuencias presentes hacia las circunstancias específicas del evento pasado.

El dominio intuitivo del present perfect requiere desarrollar sensibilidad a esta perspectiva de relevancia presente versus distancia temporal. Los ejercicios más efectivos contrastan situaciones idénticas presentadas desde perspectivas diferentes, ayudando a los estudiantes a sentir la diferencia conceptual entre "I broke my leg" (evento pasado completo y distante) versus "I have broken my leg" (evento pasado con consecuencias presentes inmediatas).

La práctica del present perfect debe incorporar situaciones comunicativas auténticas donde la elección del tiempo verbal afecta el significado pragmático del mensaje. "Have you eaten?" versus "Did you eat?" pueden referirse cronológicamente al mismo período, pero comunican intenciones diferentes: la primera pregunta típicamente precede una invitación a comer, mientras que la segunda busca información sobre eventos específicos del pasado.

Los modal verbs representan otro sistema conceptual que opera según lógicas diferentes al español, requiriendo que los estudiantes desarrollen nuevas categorías mentales para expresar probabilidad, obligación y permiso con la precisión y sutileza de un hablante nativo. Los modales no funcionan como verbos regulares sino como indicadores de la actitud del hablante hacia la proposición que expresa, comunicando su evaluación de la probabilidad, necesidad, permiso, o capacidad relacionada con la situación descrita.

La maestría de los modal verbs requiere entender que cada modal crea un "mundo posible" diferente donde la proposición principal puede ser verdadera bajo ciertas condiciones o probabilidades. "You should go" crea un mundo donde ir es la acción recomendada, "You must go" crea un mundo donde ir es obligatorio, y "You might go" crea un mundo donde ir es una posibilidad entre varias. Estas no son simplemente intensidades diferentes de la misma idea sino mundos conceptuales distintos con implicaciones pragmáticas diferentes.

El entrenamiento efectivo en modals debe enfocarse en desarrollar intuición para estas diferencias de "mundo posible" a través de contextos comunicativos donde la elección del modal afecta significativamente el mensaje. La diferencia entre "Can I help you?" y "May I help you?" no radica en formalidad sino en la conceptualización de la relación entre hablante y oyente, donde el primer modal implica capacidad y disposición mientras el segundo implica permiso y deferencia.

3.3 Estructuras avanzadas para sonar sofisticado

La sofisticación en inglés no emerge del uso de vocabulario complejo sino del dominio de estructuras sintácticas que permiten expresar ideas con precisión, elegancia e impacto retórico. Estas estructuras avanzadas funcionan como herramientas estilísticas que los hablantes nativos educados utilizan para crear énfasis, controlar el flujo informacional, y establecer relaciones sofisticadas entre ideas. Su dominio marca la diferencia entre competencia funcional y verdadera elegancia expresiva en inglés.

Las inversiones y estructuras de énfasis representan recursos sintácticos que permiten reorganizar el orden normal de las palabras para crear efectos retóricos específicos. "Never have I seen such beauty" invierte el orden sujeto-verbo para colocar el elemento negativo en posición inicial, creando un énfasis dramático que la estructura normal "I have never seen such beauty" no puede lograr. Esta inversión no es meramente estilística sino que crea una intensidad emocional específica que los nativos reconocen inmediatamente.

El dominio de las inversiones requiere entender que cada estructura invertida crea un efecto retórico diferente y tiene contextos de uso apropiados. "Little did I know" establece tensión narrativa anticipando información sorprendente, "Rarely have I encountered" enfatiza la excepcionalidad de la experiencia, y "Under no circumstances should you" crea énfasis categórico en la prohibición. Cada inversión debe aprenderse como una unidad funcional con su propósito comunicativo específico.

La práctica efectiva de inversiones debe incorporar contextos narrativos y argumentativos donde estas estructuras añaden impacto genuino al mensaje. Los estudiantes deben experimentar con insertar inversiones en sus propias composiciones y discurso, desarrollando sensibilidad a cuándo estas estructuras mejoran versus distraen de la comunicación efectiva. El uso apropiado de inversiones requiere equilibrio: suficiente para demostrar sofisticación, pero no tanto que el discurso suene artificial o pretencioso.

Los conditional sentences más allá del típico patrón if/then abren un universo de expresión hipotética que permite a los hablantes navegar las complejidades del pensamiento contrafactual con precisión nativa. Los mixed conditionals representan combinaciones de diferentes marcos temporales que reflejan cómo los hablantes realmente conceptualizan relaciones causa-efecto a través del tiempo. "If I had studied medicine, I would be a doctor now" combina una condición pasada contrafactual con una consecuencia presente hipotética, reflejando cómo las decisiones pasadas crean realidades presentes alternativas.

La lógica de los mixed conditionals requiere flexibilidad conceptual para combinar diferentes marcos temporales según la relación específica que el hablante quiere establecer. "If I were rich, I would have traveled more" combina una condición presente hipotética con una consecuencia pasada contrafactual, sugiriendo que una diferente situación actual habría afectado comportamientos pasados. Esta flexibilidad temporal refleja la complejidad del pensamiento humano sobre posibilidades y alternativas.

Las alternativas a las estructuras tradicionales if/then incluyen construcciones como "Were I to accept this position", "Should you need assistance", y "Had I known earlier", que utilizan inversión para crear elegancia formal eliminando la conjunción if. Estas estructuras aparecen frecuentemente en inglés escrito sofisticado y discurso formal, añadiendo variedad sintáctica y refinamiento estilístico.

El entrenamiento en condicionales avanzados debe incorporar situaciones comunicativas auténticas donde estas estructuras expresan genuinamente el pensamiento complejo del hablante.

Los ejercicios más efectivos presentan escenarios donde los estudiantes deben articular relaciones temporales complejas, desarrollando fluidez en la expresión de arrepentimiento, especulación, y análisis contrafactual que caracterizan el discurso sofisticado.

El reported speech dinámico transforma la simple transmisión de información en una herramienta narrativa poderosa que permite contar historias y comunicar con la vivacidad y fluidez característica de hablantes nativos educados. Más allá de las fórmulas básicas de "he said that", el reported speech sofisticado incorpora una gama de verbos de comunicación específicos que capturan no solo el contenido sino también la manera, intención, y contexto emocional del habla original.

La diferencia entre "He said he was tired" y "He confessed he was exhausted" no radica meramente en intensidad sino en la caracterización completa de la situación comunicativa original. El primer reporte es neutro y factual, mientras el segundo sugiere reluctancia en la admisión, implica que estar exhausto es de alguna manera problemático o inesperado, y crea una imagen más rica de la interacción original.

El desarrollo de reported speech dinámico requiere expandir el repertorio de verbos de comunicación más allá de "say" y "tell" hacia verbos específicos como "confess", "admit", "insist", "suggest", "imply", "claim", "argue", "maintain", "reveal", "disclose", y docenas de otros que capturan matices específicos de la comunicación humana. Cada verbo crea una perspectiva diferente sobre la información reportada y la persona que la comunicó originalmente.

La práctica efectiva de reported speech dinámico debe incorporar situaciones narrativas donde los estudiantes deben transmitir no solo información sino también caracterizar a las personas y situaciones involucradas. Esto desarrolla la capacidad de utilizar el reported speech como herramienta de storytelling, donde la elección de verbos de comunicación contribuye a la construcción de personajes y la creación de tensión narrativa.

Capítulo 4: Adquisición Estratégica de Vocabulario

Un nativo promedio usa solo 3,000 palabras en el 95% de sus conversaciones diarias. El secreto está en cuáles 3,000 palabras eliges dominar.

Esta revelación desafía uno de los mitos más persistentes en el aprendizaje del inglés: la creencia de que necesitamos un vocabulario masivo para comunicarnos efectivamente. Mientras los estudiantes tradicionales memorizan listas interminables de palabras obscuras que rara vez aparecen en conversaciones reales, los hablantes nativos navegan fluidamente por la vida cotidiana utilizando un conjunto sorprendentemente limitado de palabras que han dominado completamente en todas sus variaciones, combinaciones y contextos de uso.

La diferencia crucial no radica en la cantidad sino en la calidad del dominio vocabular. Un nativo conoce sus 3,000 palabras core no como entradas aisladas en un diccionario mental sino como unidades vivas e integradas que puede combinar automáticamente para expresar virtualmente cualquier idea que necesite comunicar. Cada palabra en su repertorio activo viene cargada con información sobre sus colocaciones naturales, sus registros apropiados, sus connotaciones sutiles, y sus patrones de uso en diferentes contextos sociales y comunicativos.

4.1 El sistema de frecuencia optimizada

La revolución del sistema de frecuencia optimizada radica en la aplicación sistemática del principio de Pareto al aprendizaje vocabular: el 80% de la comunicación efectiva proviene del dominio profundo del 20% de las palabras más útiles. Sin embargo, la implementación exitosa de este principio requiere mucho más que simplemente memorizar las palabras más frecuentes en orden estadístico. Requiere una comprensión sofisticada de cómo funciona la frecuencia en diferentes contextos comunicativos y cómo optimizar el proceso de selección para maximizar el impacto comunicativo de cada palabra que invertimos tiempo en dominar.

La frecuencia vocabular no es un fenómeno uniforme sino que varía dramáticamente según el dominio discursivo, el registro social, y la modalidad comunicativa. Una palabra que aparece entre las 500 más frecuentes en inglés escrito académico puede estar completamente ausente del inglés conversacional cotidiano, mientras que una palabra central en conversaciones informales puede rara vez aparecer en textos escritos formales. Esta variabilidad significa que cualquier sistema de frecuencia optimizada debe comenzar con una definición clara del tipo de comunicación que priorizamos desarrollar.

Para la mayoría de los estudiantes adultos de inglés, el objetivo principal es desarrollar competencia comunicativa en contextos conversacionales cotidianos, profesionales, y sociales. Esto significa que nuestro sistema de frecuencia debe basarse en análisis de corpus de inglés hablado auténtico, no en las listas de frecuencia general que combinan indiscriminadamente textos escritos de múltiples géneros con muestras conversacionales limitadas. La diferencia es crucial porque determina si dedicamos tiempo valioso a palabras que encontraremos regularmente en nuestras interacciones reales versus palabras que existen principalmente en contextos académicos o literarios que rara vez navegamos.

Las 1,000 palabras core que forman el esqueleto del inglés conversacional representan la infraestructura básica sobre la cual se construye toda comunicación fluida en inglés. Estas palabras no son simplemente las más frecuentes estadísticamente sino las más versátiles funcionalmente: palabras que aparecen en el mayor número de contextos diferentes, que se combinan productivamente con el mayor número de otras palabras, y que permiten expresar la gama más amplia de ideas y emociones básicas.

La identificación de estas 1,000 palabras core requiere análisis que va más allá de la frecuencia simple hacia métricas más sofisticadas como la productividad colocacional, la diversidad contextual, y la indispensabilidad comunicativa. Una palabra puede tener frecuencia moderada pero ser absolutamente indispensable porque no tiene sinónimos efectivos en contextos conversacionales, mientras que otra palabra puede tener frecuencia alta pero ser fácilmente reemplazable por alternativas más simples sin pérdida significativa de precisión comunicativa.

El concepto de productividad colocacional es particularmente importante en la selección de palabras core. Palabras como "get", "make", "take", y "go" aparecen en las listas de frecuencia no solo por su uso independiente sino porque forman el núcleo de cientos de combinaciones idiomáticas esenciales: "get up", "make sense", "take care", "go ahead". Dominar una palabra altamente productiva colocacionalmente equivale a dominar docenas de expresiones diferentes, multiplicando exponencialmente el retorno de inversión del tiempo dedicado a su aprendizaje.

La diversidad contextual mide cuán ampliamente una palabra aparece a través de diferentes situaciones comunicativas. Palabras con alta diversidad contextual pueden utilizarse efectivamente en conversaciones casuales, entornos profesionales, interacciones sociales formales, y discusiones académicas básicas. Estas palabras funcionan como "comodines" vocabulares que proporcionan flexibilidad comunicativa máxima, permitiendo a los estudiantes participar en una gama amplia de situaciones sin necesidad de vocabulario altamente especializado.

La indispensabilidad comunicativa evalúa qué tan difícil es expresar ciertas ideas o emociones sin palabras específicas. Algunos conceptos pueden expresarse de múltiples maneras utilizando palabras diferentes, mientras que otros requieren palabras específicas para comunicación precisa y natural. Palabras indispensables merecen prioridad en cualquier sistema optimizado porque su ausencia crea huecos comunicativos que no pueden llenarse fácilmente con alternativas.

La técnica del vocabulary triage aplica principios de medicina de emergencia al aprendizaje vocabular, categorizando palabras según la urgencia y importancia de su dominio para objetivos comunicativos específicos. Como en medicina, donde los recursos limitados deben asignarse estratégicamente para salvar el mayor número de vidas posible, el vocabulary triage reconoce que nuestro tiempo y energía mental son recursos finitos que deben invertirse donde produzcan el mayor impacto comunicativo.

El triage vocabular comienza con la evaluación honesta de necesidades comunicativas actuales y objetivos realistas a corto y mediano plazo. Un profesional que necesita participar en reuniones de trabajo en inglés tiene prioridades vocabulares diferentes a un estudiante que planea estudiar en una universidad anglófona, quien a su vez tiene necesidades diferentes a alguien que simplemente quiere disfrutar películas y series en inglés sin subtítulos. Cada contexto requiere un perfil vocabular optimizado diferente, y intentar dominar vocabulario irrelevante para nuestros objetivos específicos representa una asignación ineficiente de recursos de aprendizaje.

La categorización triage divide el vocabulario en tres niveles de prioridad: crítico, importante, y diferible. El vocabulario crítico incluye palabras cuya ausencia impide completamente la comunicación básica en los contextos que más frecuentamos. Estas palabras requieren dominio inmediato y completo, incluyendo no solo su significado sino también sus patrones de uso, colocaciones principales, y variaciones register-apropiadas.

El vocabulario importante incluye palabras que mejoran significativamente la precisión, naturalidad, o sofisticación de nuestra comunicación pero cuya ausencia no impide la comunicación básica. Estas palabras pueden aprenderse gradualmente después de asegurar dominio sólido del vocabulario crítico, y su aprendizaje puede distribuirse a lo largo de períodos más largos sin afectar la funcionalidad comunicativa inmediata.

El vocabulario diferible incluye palabras interesantes, útiles, o impresionantes que no contribuyen significativamente a nuestros objetivos comunicativos inmediatos. Estas palabras pueden posponerse indefinidamente sin impacto en nuestra capacidad comunicativa práctica, liberando recursos mentales para enfocarse en vocabulario de mayor impacto.

La implementación efectiva del vocabulary triage requiere revisión periódica y reajuste según evoluciona nuestra competencia y cambian nuestras necesidades comunicativas. Palabras que inicialmente categorízamos como diferibles pueden volverse importantes si nuestros contextos de uso se expanden, mientras que vocabulario que priorizamos para situaciones específicas puede perder relevancia si esas situaciones se vuelven menos frecuentes en nuestra vida.

Las collocations vitales representan quizás el aspecto más subestimado pero crucial del dominio vocabular avanzado. Mientras los estudiantes tradicionales memorizan palabras individualmente, los hablantes nativos piensan y hablan en combinaciones prefabricadas que han internalizado como unidades integradas. El dominio de collocations vitales marca la diferencia entre sonar como un usuario competente del inglés versus sonar como un hablante verdaderamente natural y fluido.

Una collocation es esencialmente una combinación de palabras que aparecen juntas con mayor frecuencia de la que la probabilidad estadística aleatoria predeciría. Sin embargo, no todas las collocations tienen igual importancia para el desarrollo de la fluidez. Las collocations vitales son aquellas que cumplen múltiples criterios: alta frecuencia de uso, indispensabilidad para sonar natural, y productividad para generar variaciones adicionales.

La importancia de las collocations vitales radica en que representan cómo los nativos realmente organizan su conocimiento lexical. En lugar de almacenar "strong" y "coffee" como entradas separadas y luego combinarlas conscientemente, los nativos almacenan "strong coffee" como una unidad prefabricada que recuperan automáticamente cuando necesitan expresar la idea de café con intensidad alta. Esta organización colocacional permite fluidez porque elimina la necesidad de construcción consciente de combinaciones palabra por palabra.

El entrenamiento en collocations vitales debe enfocarse en las combinaciones más productivas que permiten expresar la gama más amplia de ideas con naturalidad nativa. Verbos como "make", "take", "give", y "do" forman collocations esenciales con cientos de sustantivos diferentes, creando expresiones idiomáticas que no pueden traducirse literalmente pero que son absolutamente centrales para la comunicación natural en inglés.

La práctica efectiva de collocations requiere exposición masiva a estas combinaciones en contextos auténticos, seguida por práctica productiva que desarrolla automaticidad en su recuperación y uso. Los ejercicios más efectivos presentan collocations en contextos comunicativos significativos donde su uso natural mejora la precisión y naturalidad del mensaje, permitiendo a los estudiantes experimentar directamente cómo las collocations facilitan expresión fluida y natural.

4.2 Memorización activa con el método multi-sensorial

La memorización tradicional de vocabulario falla sistemáticamente porque opera contra los principios fundamentales de cómo funciona la memoria humana. Cuando intentamos memorizar listas de palabras mediante repetición mecánica, estamos utilizando únicamente la memoria auditiva y visual superficial, ignorando el vasto potencial de los sistemas de memoria espacial, kinestésica, emocional, y asociativa que nuestro cerebro ha desarrollado durante millones de años de evolución. El método multi-sensorial aprovecha todos estos sistemas de memoria simultáneamente, creando redes neuronales múltiples y redundantes que hacen virtualmente imposible el olvido completo.

La neurociencia moderna ha demostrado que las memorias más duraderas y accesibles son aquellas que se codifican através de múltiples canales sensoriales y se conectan con experiencias emocionales, espaciales, y motoras significativas. Cuando experimentamos algo que involucra vista, sonido, movimiento, emoción, y ubicación espacial simultáneamente, nuestro cerebro crea lo que los neurocientíficos llaman "memorias multi-modales" que son extraordinariamente resistentes al olvido y fáciles de recuperar bajo presión.

El sistema de memoria espacial adaptado para vocabulario aprovecha una de las capacidades más sorprendentes del cerebro humano: nuestra habilidad casi ilimitada para recordar ubicaciones espaciales y navegar mentalmente por espacios familiares. El método del palacio mental, utilizado por campeones mundiales de memoria, puede adaptarse específicamente para vocabulario en inglés creando geografías mentales donde cada palabra nueva se asocia con una ubicación específica en un espacio que conocemos íntimamente.

La construcción de un palacio mental para vocabulario comienza con la selección de un espacio físico que conocemos perfectamente: nuestra casa, nuestro lugar de trabajo, el camino que recorremos diariamente, o cualquier ubicación que podamos visualizar con claridad completa. Este espacio se convierte en el contenedor organizacional para nuestro vocabulario nuevo, donde cada área específica se dedica a categorías temáticas de palabras o familias lexicales relacionadas.

La asignación de vocabulario a ubicaciones espaciales específicas debe seguir principios lógicos que refuercen las conexiones memoriosas en lugar de contradecirlas. Vocabulario relacionado con comida puede ubicarse en la cocina mental, palabras de emociones en el dormitorio donde experimentamos nuestra vida emocional más íntima, y vocabulario profesional en la oficina o espacio de trabajo del palacio mental. Esta organización temática crea coherencia conceptual que facilita tanto el almacenamiento inicial como la recuperación posterior.

La efectividad del palacio mental se multiplica cuando incorporamos movimiento imaginario a través del espacio. En lugar de simplemente visualizar palabras en ubicaciones estáticas, creamos rutas mentales que conectan palabras relacionadas, permitiendo que el movimiento imaginario active memorias kinestésicas que refuerzan el recuerdo. Caminar mentalmente desde "kitchen" hacia "refrigerator" hacia "ingredients" hacia "recipe" crea una secuencia motora que conecta vocabulario culinario en una red espacial y kinestésica integrada.

Las mnemotécnicas visuales y kinestésicas crean asociaciones imposibles de olvidar transformando palabras abstractas en experiencias sensoriales vívidas y frecuentemente absurdas. El cerebro humano recuerda imágenes inusuales, emocionales, o ridículas con mucha mayor facilidad que información abstracta o lógica. Esta preferencia neurológica puede explotarse sistemáticamente para crear códigos memoriosos que hacen que el vocabulario nuevo se adhiera permanentemente a nuestra memoria a largo plazo.

La creación de asociaciones visuales efectivas requiere violar intencionalmente las expectativas normales para crear imágenes mentales que sean imposibles de ignorar u olvidar. Para recordar que "embarrassed" significa avergonzado, podemos visualizar un oso gigante que se pone rojo de vergüenza porque no puede entrar a un bar por tener las patas embarradas. Esta imagen viola múltiples expectativas normales: los osos no experimentan vergüenza social, no frecuentan bares, y la situación es visual y emocionalmente ridícula.

La clave de las mnemotécnicas visuales exitosas radica en la exageración, el color intenso, el movimiento dramático, y la violación de leyes físicas o sociales normales. Cuanto más extraña, divertida, o emocionalmente intensa sea la imagen, más probable es que se grabe permanentemente en la memoria. Esta técnica funciona porque nuestro cerebro evolutivo está programado para recordar vívidamente cualquier cosa que sea altamente inusual o potencialmente significativa para nuestra supervivencia.

Las asociaciones kinestésicas añaden una dimensión corporal al aprendizaje de vocabulario que aprovecha la memoria muscular y motora. Cada palabra nueva puede asociarse con un gesto específico, un movimiento corporal, o una acción física que incorpore el significado de la palabra en una experiencia motora memorable. "Jump" puede aprenderse literalmente saltando mientras se pronuncia la palabra, "whisper" susurrando la palabra mientras se hace el gesto correspondiente con las manos, y "stretch" estirándose físicamente durante la práctica.

La investigación en neuroplasticidad ha demostrado que la actividad motora crea conexiones neuronales adicionales que fortalecen significativamente la retención memorística. Cuando aprendemos vocabulario através de experiencia kinestésica, estamos codificando las palabras no solo en áreas cerebrales del lenguaje sino también en cortex motor, creando redes neuronales redundantes que facilitan recuperación rápida y automática.

El spaced repetition personalizado representa la culminación científica de décadas de investigación sobre la curva del olvido y los patrones óptimos de revisión para retención a largo plazo. Hermann Ebbinghaus documentó por primera vez que olvidamos información nueva de manera predecible: perdemos aproximadamente la mitad de información nueva dentro de las primeras horas, y el olvido continúa acelerándose exponencialmente a menos que refreshemos activamente la memoria através de repaso estratégico.

Sin embargo, la curva del olvido no es uniforme para todas las personas ni para todos los tipos de información. Cada individuo tiene patrones únicos de retención que dependen de factores como edad, experiencia previa con el idioma, estilo de aprendizaje dominante, y nivel de estrés durante el aprendizaje inicial. Un sistema de spaced repetition personalizado monitorea estos patrones individuales y ajusta automáticamente los intervalos de repaso para maximizar la eficiencia de retención.

Los algoritmos de repaso modernos van mucho más allá de los intervalos fijos tradicionales hacia sistemas adaptativos que aprenden continuamente de nuestro performance individual. Si consistentemente recordamos ciertas palabras fácilmente, el algoritmo extiende automáticamente los intervalos entre repasos para esas palabras, liberando tiempo para enfocarse en vocabulario que requiere atención más frecuente. Conversamente, palabras que olvidamos repetidamente reciben intervalos de repaso más cortos hasta que demuestren estabilidad memorística.

La personalización efectiva también incorpora factores contextuales como el momento del día cuando somos más receptivos al aprendizaje, nuestros niveles de energía fluctuantes, y los contextos donde utilizamos diferentes tipos de vocabulario. Palabras profesionales pueden repassarse efectivamente durante descansos laborales cuando están contextualmente relevantes, mientras que vocabulario social puede revisarse antes de situaciones sociales donde será inmediatamente aplicable.

4.3 Vocabulario contextual por dominios de vida

El vocabulario no existe en un vacío abstracto sino que está inextricablemente ligado a los contextos específicos donde lo utilizamos. Los hablantes nativos organizan mentalmente su vocabulario en dominios temáticos que corresponden a las diferentes áreas de su vida, y cada dominio tiene sus propias reglas, registros, y expectativas comunicativas. El desarrollo de vocabulario contextual por dominios permite a los estudiantes desarrollar competencia específica y apropiada para las situaciones que más frecuentan, en lugar de intentar dominar vocabulario general que puede ser irrelevante para sus necesidades comunicativas reales.

Professional English representa quizás el dominio más crucial para estudiantes adultos cuyas carreras requieren competencia en inglés. Sin embargo, el vocabulario profesional va mucho más allá de la terminología técnica específica de cada campo hacia un conjunto de estrategias lingüísticas que permiten destacar, influir, y liderar en entornos profesionales anglófonos. Este vocabulario incluye no solo palabras sino patrones de comunicación que transmiten competencia, confianza, y liderazgo.

El dominio del Professional English comienza con el reconocimiento de que diferentes contextos profesionales requieren registros vocabulares diferentes. Una presentación ejecutiva formal requiere vocabulario preciso y sofisticado que transmita autoridad y credibilidad. Una reunión de brainstorming informal puede beneficiarse de vocabulario más dinámico y creativo que estimule innovación y colaboración. Una conversación one-on-one con un colega puede utilizar vocabulario más personal y relacional que construya conexión y confianza.

La competencia en Professional English incluye dominio de expresiones que permiten navegar la política organizacional con elegancia y efectividad. Frases como "I'd like to circle back on that", "Let's take this offline", "I want to get your thoughts on", y "Moving forward, I think we should" no son simplemente jerga corporativa sino herramientas estratégicas que permiten gestionar conversaciones, influir en decisiones, y mantener relaciones profesionales positivas incluso durante disagreements o negociaciones difíciles.

El vocabulario para destacar profesionalmente también incluye estrategias para presentar ideas de manera persuasiva, dar feedback constructivo, y liderar equipos efectivamente. Expresiones como "What I'm seeing is", "One approach might be", "I'm wondering if we should consider", y "From my perspective" permiten introducir viewpoints personal sin sonar confrontacional o arrogante, facilitando acceptance y implementación de ideas innovadoras.

Social English abre las puertas hacia conexiones auténticas con hablantes nativos al proporcionar acceso al vocabulario informal, los phrasal verbs, y el slang que dominan la comunicación social cotidiana. Este dominio vocabular es frequentemente el más desafiante para estudiantes tradicionales porque rara vez se enseña en contextos académicos, pero es absolutamente esencial para integration social genuina en comunidades anglófonas.

Los phrasal verbs representan quizás el aspecto más distintivo del Social English porque son omnipresentes en conversación informal pero practicamente ausentes de contextos escritos formales. Expresiones como "hang out", "chill out", "catch up", "show up", "put up with", y "get along with" no pueden aprenderse através de traducción directa porque sus significados son frecuentemente idiomáticos y culturalmente específicos.

El dominio de phrasal verbs requiere exposición masiva a conversaciones auténticas donde estos elementos aparecen naturalmente, seguida por práctica activa en contextos sociales reales. Los phrasal verbs no pueden memorizarse efectivamente como listas aisladas; deben experimentarse en situaciones comunicativas donde su uso natural facilita expresión fluida y connection social.

El slang contemporáneo evoluciona constantemente, pero ciertos elementos permanecen estables lo suficiente para merecer attention focused. Expresiones como "that's awesome", "no way", "for sure", "I'm down", "that's crazy", y "totally" aparecen con tal frecuencia en conversación informal que su ausencia del repertorio activo immediately marca a alguien como outsider del grupo social.

Academic English proporciona las herramientas vocabulares necesarias para escritura avanzada, presentaciones formales, y participation en discusiones intellectuales sophisticadas. Este dominio incluye no solo vocabulario técnico sino también connectores lógicos, expresiones de qualifying y hedging, y estrategias retóricas que permiten construir argumentos persuasivos y analizar ideas complejas con precisión y elegancia.

Los connectores académicos permiten crear coherencia textual y logical flow en escritura extendida. Expresiones como "Furthermore", "Nevertheless", "Consequently", "In contrast", "On the other hand", y "Notwithstanding" proporcionan las herramientas sintácticas necesarias para weave ideas complejas en arguments cohesivos que guide readers através de reasoning sophisticated.

El vocabulario para qualifying y hedging permite express ideas con la precisión epistemológica appropriate para discourse académico. Expresiones como "It appears that", "There is evidence to suggest", "One might argue that", "To a certain extent", y "It could be contended that" permiten present claims con el nivel appropriate de certainty mientras acknowledge complexity y alternative viewpoints.

Capítulo 5: Comprensión Auditiva Acelerada

El oído humano puede procesar hasta 400 palabras por minuto, pero la mayoría de estudiantes colapsan con 120. Aquí está el entrenamiento para triplicar tu capacidad.

Esta diferencia dramática entre el potencial biológico y el rendimiento actual no es una limitación inherente sino el resultado de décadas de entrenamiento auditivo inadecuado que ha condicionado nuestro cerebro para procesar inglés a velocidades artificialmente lentas. El problema comienza en las aulas tradicionales donde el inglés se presenta a velocidades pedagógicas diseñadas para facilitar la comprensión inicial pero que inadvertidamente entrenan al cerebro para depender de esta velocidad reducida artificial.

Los hablantes nativos procesan su idioma a velocidades que fluctúan dinámicamente según el contexto emocional, social y comunicativo. Una conversación casual entre amigos puede acelerar a 180-200 palabras por minuto, mientras que una discusión animada o una presentación entusiasta puede alcanzar fácilmente 250-300 palabras por minuto. Los medios audiovisuales contemporáneos operan rutinariamente a velocidades aún mayores, especialmente en contextos informativos donde la densidad de información es alta y se asume que los oyentes pueden procesar flujos de datos complejos rápidamente.

La brecha entre estas velocidades reales y la capacidad procesamiento de la mayoría de los estudiantes crea un abismo de comprensión que explica por qué pueden entender perfectamente material didáctico pero quedar completamente perdidos ante contenido auténtico. Este fenómeno no refleja deficiencias cognitivas sino simplemente falta de entrenamiento apropiado en velocidades realistas. El cerebro humano posee extraordinaria plasticidad para adaptarse a demandas procesamiento más elevadas cuando se le proporciona entrenamiento sistemático y progresivo.

5.1 Entrenamiento progresivo de velocidad

La metodología del entrenamiento progresivo de velocidad está fundamentada en principios de neuroplasticidad que reconocen que el cerebro puede reorganizar sus conexiones neuronales para procesar información más eficientemente cuando se enfrenta a demandas incrementales consistentes. Este entrenamiento no busca simplemente acelerar la velocidad de procesamiento sino transformar fundamentalmente cómo nuestro sistema auditivo organiza, categoriza y extrae significado del flujo sonoro continuo del inglés hablado.

El desafío tradicional en el desarrollo de comprensión auditiva radica en la tendencia de los estudiantes a intentar procesar cada palabra individualmente, creando un cuello de botella cognitivo que colapsa cuando la velocidad excede su capacidad de análisis palabra por palabra. Los hablantes nativos no procesan el lenguaje de esta manera lineal y secuencial; en cambio, utilizan procesamiento en paralelo que identifica patrones, predice continuaciones probables, y extrae significado de chunks de información más grandes que palabras individuales.

El protocolo 1.25x-1.5x-2x representa una progresión científicamente calibrada que permite al cerebro adaptarse gradualmente a velocidades incrementales sin sobrecarga cognitiva que podría resultar en frustración o abandono del entrenamiento. Esta progresión no es arbitraria sino que está diseñada para trabajar dentro de los límites de adaptación neurológica humana, proporcionando suficiente desafío para estimular crecimiento sin crear estrés que interfiera con el aprendizaje efectivo.

La fase inicial a 1.25x velocidad normal representa el punto de entrada estratégico porque proporciona aceleración perceptible sin crear ansiedad o incomprensión masiva. A esta velocidad, la mayoría de los estudiantes pueden seguir el contenido con esfuerzo consciente, pero deben comenzar a abandonar estrategias de procesamiento palabra por palabra en favor de comprensión más holística. Esta transición es crucial porque establece los fundamentos cognitivos para las velocidades más altas que seguirán.

Durante la fase 1.25x, el cerebro comienza a desarrollar lo que los psicolingüistas llaman "tolerancia a la ambigüedad parcial", donde puede mantener comprensión general incluso cuando pierde detalles específicos. Esta capacidad es fundamental para procesamiento a alta velocidad porque permite al sistema auditivo continuar extrayendo significado incluso cuando no puede procesar cada elemento del input sonoro. Los estudiantes aprenden a distinguir entre información esencial para comprensión general versus detalles que pueden perderse sin afectar la comprensión del mensaje principal.

La transición a 1.5x velocidad intensifica estas demandas cognitivas, requiriendo que el cerebro consolide las estrategias desarrolladas en la fase anterior mientras se adapta a un flujo de información aún más rápido. A esta velocidad, se hace imposible procesar conscientemente cada palabra, forzando el desarrollo de procesamiento automático que opera por debajo del nivel de conciencia consciente. Esta automatización es esencial porque libera recursos cognitivos conscientes para enfocarse en comprensión de nivel superior mientras que el procesamiento básico de reconocimiento de palabras ocurre automáticamente.

La fase 1.5x también desarrolla sensibilidad mejorada a las pistas prosódicas del inglés, incluyendo patrones de entonación, acentuación, y ritmo que proporcionan información crucial sobre la estructura del mensaje. Cuando la velocidad incrementa, estas pistas prosódicas se vuelven proporcionalmente más importantes porque ayudan al cerebro a segmentar el flujo sonoro continuo en unidades procesables y predecir la organización informacional del discurso.

La culminación a 2x velocidad normal representa un punto de transformación cualitativa donde el procesamiento debe volverse predominantemente automático e intuitivo. A esta velocidad, aproximándose a los límites superiores del habla nativa rápida, los estudiantes desarrollan capacidades que los acercan significativamente al procesamiento nativo. El éxito a 2x velocidad indica que el sistema auditivo ha desarrollado eficiencia suficiente para manejar virtualmente cualquier situación comunicativa real que puedan encontrar.

La progresión a través de estas velocidades no debe ser uniforme para todos los tipos de contenido. Material familiar o predecible puede acelerar más rápidamente, mientras que contenido técnico o desconocido puede requerir progresión más gradual. Esta flexibilidad permite personalización del entrenamiento según las fortalezas y debilidades individuales, maximizando la eficiencia del proceso de desarrollo.

La técnica de selective attention representa una revolución conceptual en cómo abordamos la comprensión auditiva, reconociendo que la comprensión total y detallada no es necesaria ni deseable en la mayoría de situaciones comunicativas reales. Los hablantes nativos utilizan selective attention constantemente, enfocándose conscientemente en la información más relevante para sus propósitos mientras filtran automáticamente detalles menos importantes. Esta capacidad permite procesamiento eficiente incluso en entornos con múltiples fuentes de información o ruido de fondo.

El desarrollo de selective attention comienza con entrenamiento explícito en identificación de jerarquías informacionales dentro del discurso oral. No toda información en un mensaje tiene igual importancia; algunos elementos son centrales al significado principal mientras otros proporcionan elaboración, ejemplificación, o contexto adicional. Aprender a distinguir rápidamente entre estos niveles de información permite al oyente asignar recursos cognitivos de manera más eficiente.

La práctica de selective attention utiliza ejercicios donde los estudiantes escuchan material auténtico con instrucciones específicas sobre qué tipo de información buscar: ideas principales, detalles específicos, opiniones del hablante, o secuencias temporales. Esta práctica dirigida desarrolla flexibilidad atencional que permite al oyente adaptar su estrategia de escucha según sus objetivos comunicativos inmediatos.

Una aplicación avanzada de selective attention involucra entrenamiento en ambientes auditivos complejos donde múltiples conversaciones, sonidos de fondo, o distracciones compiten por atención. Esta capacidad, conocida como "cocktail party effect", permite a los nativos mantener conversaciones efectivas incluso en entornos ruidosos o socialmente complejos. El entrenamiento sistemático en estas condiciones desarrolla robustez auditiva que facilita comprensión en situaciones del mundo real.

La predicción activa aprovecha la capacidad natural del cerebro para anticipar información probable basándose en contexto previo y patrones aprendidos. Los hablantes nativos no procesan el lenguaje pasivamente sino que constantemente generan expectativas sobre qué información es probable que aparezca a continuación. Esta predicción activa permite procesamiento más eficiente porque reduce la carga cognitiva de análisis de input nuevo cuando coincide con expectativas, y crea alerta especial cuando el input viola predicciones.

El entrenamiento en predicción activa comienza con desarrollo de sensibilidad a patrones discursivos comunes en inglés. Diferentes tipos de discurso siguen estructuras organizacionales predecibles: narrativas personales típicamente incluyen configuración, complicación, y resolución; argumentos académicos frecuentemente presentan claim, evidencia, y conclusión; noticias utilizan estructura de pirámide invertida con información más importante primero.

La familiaridad con estos patrones permite a los oyentes anticipar qué tipo de información aparecerá en diferentes puntos del discurso, facilitando comprensión incluso cuando velocidad o complejidad crean desafíos procesamiento. Un oyente que reconoce que un hablante está introduciendo un argumento puede anticipar que evidencia de apoyo seguirá, preparando su sistema atencional para información específica relevante.

La predicción activa también opera a nivel léxico, donde el contexto semántico y sintáctico crea expectativas sobre qué palabras son probables en posiciones específicas. Esta capacidad predictiva se desarrolla a través de exposición masiva a inglés auténtico que permite al cerebro internalizar patrones estadísticos de coocurrencia palabra y estructura frasal. Con experiencia suficiente, estas predicciones se vuelven automáticas e inconscientes, facilitando procesamiento rápido de input familiar.

El entrenamiento avanzado en predicción activa incluye ejercicios donde los estudiantes escuchan segmentos de discurso cortados antes de conclusión y deben predecir cómo continuará el mensaje. Esta práctica desarrolla sensibilidad consciente a las pistas contextuales que guían predicción exitosa, mientras fortalece la capacidad de generar expectativas apropiadas que facilitan comprensión en tiempo real.

La integración de velocidad incrementada, selective attention, y predicción activa crea un sistema de comprensión auditiva que se aproxima a la eficiencia nativa. Estos elementos trabajan sinérgicamente: la predicción activa reduce la carga cognitiva necesaria para procesar input rápido, mientras que selective attention permite enfoque eficiente en información más relevante para objetivos comunicativos inmediatos. Esta combinación permite no solo comprender discurso rápido sino hacerlo con el tipo de facilidad y automaticidad que caracteriza el procesamiento nativo fluido.

5.2 Decodificación de acentos y variantes

La diversidad de acentos en inglés representa uno de los desafíos más subestimados en el desarrollo de comprensión auditiva avanzada. Mientras los estudiantes tradicionales frecuentemente entrenan con un solo acento estándar, la realidad comunicativa del mundo anglófono presenta una rica tapicería de variaciones fonéticas que pueden hacer incomprensible incluso vocabulario familiar cuando se presenta en acentos no familiares. El dominio de múltiples acentos no es un lujo académico sino una necesidad práctica para cualquier persona que aspire a competencia comunicativa genuina en contextos internacionales.

Los siete acentos principales del inglés que dominan la comunicación global incluyen el Received Pronunciation británico, el General American, el australiano, el canadiense, el sudafricano, el neozelandés, y el irlandés. Cada uno de estos acentos representa no simplemente una variación cosmética sino un sistema fonético distintivo con sus propias reglas de pronunciación, patrones rítmicos, y características prosódicas que pueden alterar significativamente la percepción auditiva para oyentes no entrenados.

El Received Pronunciation británico, tradicionalmente considerado el estándar de prestigio en muchos contextos internacionales, se caracteriza por distinciones vocálicas que no existen en otros acentos del inglés. La diferencia entre las vocales en "bath" y "trap", por ejemplo, crea contrastes fonémicos que pueden confundir a oyentes entrenados exclusivamente en General American, donde estas palabras comparten el mismo sonido vocálico. Estas diferencias no son meramente académicas; afectan la comprensión en tiempo real cuando palabras familiares aparecen con realizaciones vocálicas inesperadas.

El General American presenta sus propios desafíos únicos, particularmente en su tratamiento de la "r" post-vocálica que se pronuncia consistentemente, contrastando con muchos acentos británicos donde esta consonante frecuentemente se elide. Esta diferencia aparentemente menor crea patrones rítmicos distintivos que pueden desorientar a oyentes no preparados, especialmente en velocidades conversacionales altas donde la presencia o ausencia de sonidos consonánticos afecta la percepción del timing silábico.

El acento australiano introduce características que lo distinguen tanto del británico como del americano, incluyendo un sistema vocálico que transforma sonidos familiares en realizaciones que pueden sonar completamente extrañas para oyentes no entrenados. La tendencia hacia centralización vocálica en australiano significa que vocales que suenan claras y distintivas en otros acentos pueden converger hacia sonidos más neutros que requieren discriminación auditiva refinada para distinguir apropiadamente.

Las características distintivas de cada acento operan en múltiples niveles fonéticos simultáneamente, creando firmas acústicas únicas que van mucho más allá de diferencias en sonidos individuales. El nivel vocálico representa quizás el área de mayor variación, donde cada acento desarrolla su propio espacio vocálico con posiciones articulatorias específicas para cada categoría fonémica. Estas diferencias pueden ser lo suficientemente dramáticas como para hacer que la misma palabra suene como palabras completamente diferentes cuando se presenta en acentos contrastantes.

El tratamiento consonántico también varía significativamente entre acentos, con implicaciones particulares para comprensión auditiva. La realizacion de la "t" intervocálica como sonido "flap" en General American contrasta marcadamente con la pronunciación más oclusiva típica del británico, creando diferencias perceptuales que pueden afectar el reconocimiento de palabras familiares. Similmente, la aspiración consonántica, la duración de sonidos fricativos, y el tratamiento de clusters consonánticos varían sistemáticamente entre acentos.

La entonación representa quizás el aspecto más sutil pero crucial de la variación acentual porque afecta no solo la percepción de sonidos individuales sino la interpretación del significado pragmático completo. Los patrones melódicos del irlandés, con sus contornos entonacionales distintivos, pueden hacer que statements simples suenen como preguntas para oyentes entrenados en otros acentos. Conversely, la entonación relativamente plana de ciertos acentos australianos puede hacer que expresiones emocionales suenen neutras o incluso negativas para oyentes que esperan variación melódica mayor.

El entrenamiento con "accent soup" representa una metodología revolucionaria que expone sistemáticamente a los estudiantes a mezclas controladas de múltiples acentos para desarrollar máxima adaptabilidad auditiva. Esta técnica reconoce que en el mundo real, particularmente en contextos internacionales, frecuentemente encontramos situaciones donde múltiples acentos aparecen en la misma conversación, requiriendo flexibilidad perceptual que trasciende la familiaridad con cualquier variedad individual.

La implementación efectiva del accent soup comienza con exposición simultánea a material similar presentado en múltiples acentos, permitiendo al cerebro identificar elementos constantes versus variables en la realización de los mismos contenidos lingüísticos. Esta comparación directa desarrolla sensibilidad a las dimensiones específicas de variación acentual mientras fortalece el reconocimiento de elementos estables que permanecen consistentes across variantes.

La progresión del entrenamiento accent soup incrementa gradualmente la complejidad de las mezclas, comenzando con contrastes claros entre acentos muy distintivos y avanzando hacia discriminaciones más sutiles entre variantes más cercanas. Esta progresión permite al sistema auditivo desarrollar robustez perceptual sin sobrecarga que podría resultar en confusión o frustración que interfiera con el aprendizaje efectivo.

5.3 Comprensión en ambientes desafiantes

La competencia auditiva real se mide no por la capacidad de comprender inglés en condiciones ideales de laboratorio sino por la habilidad de mantener comprensión efectiva cuando las condiciones ambientales, técnicas, o sociales crean desafíos significativos para el procesamiento auditivo. Los ambientes desafiantes representan la norma más que la excepción en situaciones comunicativas reales, donde ruido de fondo, calidad de audio comprometida, y múltiples hablantes simultáneos crean demandas cognitivas que pueden overwhelm sistemas auditivos entrenados únicamente en condiciones artificialmente óptimas.

Las estrategias para conversaciones con ruido de fondo y mala calidad de audio requieren una reconceptualización fundamental de cómo abordamos la comprensión auditiva. En lugar de intentar procesar todo el input auditivo disponible, los oyentes efectivos en ambientes desafiantes desarrollan capacidades de filtrado selectivo que les permiten extraer señales lingüísticas relevantes while ignoring irrelevant background noise. Esta capacidad, conocida en psicolinguística como "auditory scene analysis", permite al cerebro segregar múltiples fuentes sonoras simultáneas y enfocarse selectivamente en streams de información más importantes para objetivos comunicativos inmediatos.

El entrenamiento en condiciones de ruido debe incorporar gradualmente niveles incrementales de interferencia auditiva, comenzando con ruido de fondo mínimo y progresando hacia condiciones que simulan ambientes reales como restaurantes, oficinas abiertas, o espacios públicos con múltiples conversaciones simultáneas. Esta progresión permite al sistema auditivo desarrollar tolerancia al ruido while maintaining comprehension effectiveness under increasingly challenging conditions.

Una estrategia crucial para comprehension in noisy environments involves developing sensitivity to the acoustic properties that distinguish speech from background noise. Human speech occupies specific frequency ranges and exhibits particular temporal patterns that differ systematically from most environmental noise sources. Training the auditory system to automatically filter for these speech-specific characteristics can dramatically improve comprehension even when signal-to-noise ratios are challenging.

The development of lip-reading supplementation skills provides additional support for comprehension when audio quality is compromised. While complete reliance on visual cues is unnecessary for most listeners, the ability to extract supplementary information from visible articulatory movements can provide crucial disambiguation when acoustic information is partial or unclear. This multi-modal processing approach mirrors how native speakers naturally integrate available sensory information to maintain comprehension under difficult conditions.

La técnica de reconstrucción representa una habilidad metacognitiva sofisticada que permite a los oyentes mantener comprensión coherente incluso cuando pierden segmentos significativos de información auditiva. Esta capacidad va mucho más allá de simplemente "llenar blancos" hacia un proceso activo de inferencia que utiliza contexto lingüístico, conocimiento del mundo, y expectativas pragmáticas para reconstruir información missing de manera que mantenga coherencia del mensaje overall.

El entrenamiento en reconstrucción comienza con ejercicios controlados donde segments of audio are systematically removed from otherwise comprehensible content, requiring listeners to infer missing information based on available context clues. This practice develops sensitivity to the types of contextual information that can support successful reconstruction while building confidence in the ability to maintain comprehension despite incomplete input.

Advanced reconstruction training incorporates real-world scenarios where information loss occurs unpredictably due to technical issues, environmental noise, or rapid speech that exceeds immediate processing capacity. These exercises develop flexibility in reconstruction strategies and build tolerance for uncertainty that characterizes authentic communication situations where perfect comprehension is neither expected nor necessary for successful interaction.

The reconstruction process relies heavily on predictive processing that anticipates likely continuations based on discourse patterns, semantic constraints, and pragmatic expectations. Training these predictive capabilities requires extensive exposure to authentic English that allows learners to internalize the statistical patterns that govern probable word sequences, phrase completions, and discourse developments in different communicative contexts.

El listening activo en grupos presenta desafíos únicos que van más allá de la simple multiplicación de hablantes individuales hacia la gestión cognitiva de interacciones dinámicas donde múltiples participants contribute simultaneously, interrupt each other, y create overlapping speech that requires sophisticated attentional management. Group listening situations demand not only comprehension of individual contributions but also tracking of conversational flow, turn-taking patterns, y relationships between different speakers' contributions.

The development of group listening skills begins with training in speaker identification and voice tracking that allows listeners to maintain awareness of who is speaking even when visual cues are limited or unavailable. This capability requires sensitivity to individual voice characteristics including pitch range, speaking rate, accent features, y vocal quality that distinguish different participants in multi-speaker situations.

Advanced group listening training incorporates the management of overlapping speech where multiple speakers talk simultaneously, requiring listeners to selectively attend to one speaker while monitoring others for important information or turn-taking cues. This skill mirrors the "cocktail party effect" but extends it to more complex social situations where maintaining awareness of multiple conversation threads simultaneously can be crucial for effective participation.

The cognitive demands of group listening require developing efficient strategies for dividing attentional resources among multiple speakers while maintaining enough cognitive capacity for higher-level processing of conversational meaning y social dynamics. This involves learning to rapidly shift attention between speakers based on conversational relevance while using peripheral monitoring to detect when previously ignored speakers introduce information requiring focused attention.

Effective group listening also requires understanding of turn-taking conventions y conversational repair mechanisms that allow participants to manage communication breakdowns y coordinate speaking opportunities in multi-party interactions. These pragmatic skills complement pure auditory processing capabilities y enable successful participation in complex social communicative situations that characterize much real-world English use.

Capítulo 7: Lectura Estratégica y Eficiente

Los lectores competentes no leen cada palabra. Procesan chunks visuales de 3-5 palabras simultáneamente. Esta habilidad se puede entrenar en 30 días.

Esta afirmación desafía uno de los mitos más persistentes sobre la lectura: la creencia de que leer cuidadosamente significa procesar cada palabra individualmente en secuencia lineal. La investigación en psicología cognitiva ha demostrado consistentemente que los lectores fluidos no operan de esta manera mecánica sino que utilizan sofisticados procesos de reconocimiento de patrones que les permiten extraer significado de grupos de palabras simultáneamente, aprovechando tanto la información visual directa como el conocimiento previo para construir comprensión a velocidades que superan dramáticamente las limitaciones de procesamiento palabra por palabra.

La diferencia entre lectura eficiente e ineficiente no radica en velocidad superficial sino en la calidad del procesamiento cognitivo. Los lectores lentos típicamente están atrapados en procesos de decodificación letra por letra o palabra por palabra que consumen recursos cognitivos enormes para tareas de bajo nivel, dejando poca capacidad mental disponible para comprensión de nivel superior, análisis crítico, o integración de ideas complejas. En contraste, los lectores eficientes han automatizado completamente los procesos de reconocimiento visual y acceso lexical, liberando prácticamente toda su capacidad cognitiva para procesamiento de significado e interpretación sofisticada.

7.1 Técnicas de lectura rápida adaptadas al inglés

La aplicación de técnicas de lectura rápida al inglés como segunda lengua requiere adaptaciones específicas que reconocen los desafíos únicos que enfrentan los hispanohablantes cuando procesan texto inglés. Estos desafíos incluyen no solo diferencias en sistemas de escritura y patrones ortográficos sino también interferencias de estrategias de lectura desarrolladas para español que pueden ser contraproducentes cuando se aplican al inglés sin modificación apropiada.

El inglés presenta características distintivas que tanto facilitan como complican la lectura rápida comparado con español. Por un lado, la estructura morfológica más simple del inglés, con menos inflexiones verbales y nominales, puede facilitar reconocimiento de patrones una vez que se internalizan los sistemas básicos. Por otro lado, la ortografía irregular del inglés y la prevalencia de palabras con múltiples significados dependientes de contexto crean desafíos únicos que requieren estrategias especializadas para procesamiento eficiente.

La eliminación de subvocalización representa quizás la transformación más fundamental necesaria para lectura rápida efectiva en inglés. La subvocalización es el proceso automático e inconsciente de "escuchar" las palabras mentalmente mientras las leemos, efectivamente pronunciando cada palabra en nuestra cabeza aunque no estemos leyendo en voz alta. Este proceso limita severamente la velocidad de lectura porque no podemos leer más rápido de lo que podemos hablar, típicamente restringiendo la velocidad a 150-200 palabras por minuto cuando la capacidad visual y cognitiva permitiría velocidades mucho mayores.

Para hispanohablantes, la eliminación de subvocalización presenta desafíos particulares porque frecuentemente hemos desarrollado dependencia en procesamiento auditivo durante las primeras etapas de aprendizaje del inglés. Muchos estudiantes tradicionalmente han aprendido a leer inglés fonéticamente, conectando cada palabra escrita con su pronunciación antes de acceder a su significado. Esta estrategia, aunque útil para desarrollo inicial de vocabulario y pronunciación, se convierte en un cuello de botella cognitivo que debe superarse para lograr fluidez de lectura avanzada.

El proceso de eliminación de subvocalización comienza con desarrollo de conciencia consciente sobre cuándo y cómo ocurre este fenómeno. La mayoría de los lectores no son conscientes de que están subvocalizando porque el proceso opera automáticamente por debajo del nivel de conciencia consciente. Ejercicios de automonitoreo donde prestamos atención deliberada a las sensaciones físicas en nuestra garganta, lengua, y cavidad oral durante la lectura pueden revelar la extensión de actividad muscular subconsciente asociada con subvocalización.

Una vez establecida la conciencia, la eliminación gradual de subvocalización puede lograrse atravéz de técnicas que ocupan el sistema articulatorio con actividades incompatibles con pronunciación mental de texto. Técnicas como contar mentalmente, tararear melodías simples, o mover la lengua en patrones repetitivos durante la lectura crean interferencia que fuerza al cerebro a desarrollar rutas de procesamiento alternativas que bypasean el sistema auditivo-articulatorio.

La práctica avanzada de eliminación de subvocalización incorpora lectura de material progresivamente más complejo mientras se mantiene supresión de actividad articulatoria. Este entrenamiento desarrolla rutas neuronales alternativas que conectan directamente el reconocimiento visual de palabras con acceso a significado, eliminando el paso intermedio de pronunciación mental que caracteriza la lectura ineficiente.

La expansión del campo visual representa otra transformación fundamental que puede multiplicar dramáticamente la eficiencia de lectura. Los lectores ineficientes típicamente enfocan su visión en una palabra individual a la vez, requiriendo múltiples fijaciones oculares por línea de texto y creando un proceso de lectura que es inherentemente lento y cognitivamente demandante. En contraste, los lectores eficientes desarrollan campos visuales expandidos que pueden capturar y procesar múltiples palabras simultáneamente en cada fijación ocular.

El desarrollo de campos visuales expandidos aprovecha la capacidad natural de la visión periférica para detectar y procesar información textual incluso cuando no está directamente en el centro de foco. Esta capacidad existe en todos los lectores pero típicamente permanece subdesarrollada porque los métodos tradicionales de enseñanza de lectura enfatizan precisión de fijación en palabras individuales en lugar de utilización de toda la información visual disponible.

El entrenamiento de expansión del campo visual comienza con ejercicios simples que desarrollan conciencia de información periférica disponible durante la lectura normal. Técnicas como usar un dedo o puntero para guiar la vista mientras se intenta conscientemente percibir palabras a ambos lados del punto de fijación pueden demostrar inmediatamente cuánta información adicional está disponible sin mover los ojos.

La progresión del entrenamiento incorpora ejercicios específicos diseñados para incrementar gradualmente el número de palabras que pueden procesarse en cada fijación ocular. Estos ejercicios utilizan material textual especialmente formateado donde grupos de palabras se presentan en configuraciones que estimulan procesamiento de múltiples elementos simultáneamente, desarrollando gradualmente la capacidad de extraer significado de chunks visuales más grandes.

La práctica avanzada de expansión visual incorpora lectura de material auténtico donde se aplican conscientemente estrategias de fijación expandida. Los lectores aprenden a posicionar sus fijaciones oculares estratégicamente para maximizar la información capturada en cada mirada, típicamente enfocándose en el centro de grupos de palabras en lugar de en palabras individuales.

Las técnicas de skimming y scanning representan metodologías especializadas para extracción rápida de información específica que permiten a los lectores navegar eficientemente por grandes volúmenes de texto para localizar datos particulares sin necesidad de lectura comprensiva completa. Estas técnicas son especialmente valiosas en contextos académicos y profesionales donde frecuentemente necesitamos extraer información específica de documentos extensos bajo presiones de tiempo significativas.

El skimming se enfoca en capturar la idea general o estructura organizational de un texto sin atención detallada a información específica. Esta técnica utiliza estrategias visuales que identifican elementos estructurales como títulos, subtítulos, oraciones temáticas, y conclusiones para construir una comprensión general del contenido y organización del material. El skimming efectivo permite a los lectores determinar rápidamente si un documento contiene información relevante para sus propósitos y identificar secciones que merecen lectura más detallada.

El scanning, en contraste, se enfoca en localización rápida de información específica dentro de texto más amplio. Esta técnica utiliza estrategias de búsqueda visual que permiten a los ojos moverse rápidamente por texto buscando palabras clave, números, fechas, o conceptos específicos sin procesar la mayoría del contenido circundante. El scanning efectivo puede localizar información específica en segundos incluso en documentos de múltiples páginas.

El desarrollo de competencia en skimming y scanning requiere práctica específica con diferentes tipos de material textual y objetivos de búsqueda variados. Los ejercicios efectivos presentan documentos auténticos con tareas específicas de localización de información que requieren aplicación de estas técnicas bajo presiones de tiempo controladas, desarrollando gradualmente velocidad y precisión en extracción de información específica.

La integración de eliminación de subvocalización, expansión del campo visual, y dominio de skimming y scanning crea un sistema comprehensivo de lectura eficiente que puede transformar dramáticamente la capacidad de procesar material escrito en inglés. Estas técnicas trabajan sinérgicamente para eliminar los cuellos de botella cognitivos más significativos que limitan velocidad de lectura mientras mantienen o incluso mejoran la comprensión atravéz de procesamiento más eficiente y estratégico.

Capítulo 8: Escritura Que Impacta

El 67% de los emails profesionales en inglés son ignorados o malinterpretados. La diferencia entre ser leído y ser ignorado está en estas técnicas.

Esta estadística alarmante refleja una realidad que millones de profesionales enfrentan diariamente: la capacidad técnica para escribir en inglés no garantiza comunicación efectiva. La brecha entre competencia gramatical y impacto comunicativo se amplifica exponencialmente en contextos escritos, donde la ausencia de pistas vocales, gestuales y contextuales inmediatas significa que cada palabra, cada estructura, y cada decisión organizacional debe trabajar mucho más intensamente para transmitir no solo información sino también intención, tono y credibilidad.

La escritura efectiva en inglés trasciende la corrección lingüística hacia la maestría en persuasión, claridad y adaptación a audiencias específicas. Los escritores competentes comprenden intuitivamente que diferentes contextos comunicativos requieren arquitecturas textuales completamente diferentes, cada una optimizada para objetivos específicos y expectativas culturales que pueden diferir dramáticamente de las convenciones de escritura en español. Esta adaptación va mucho más allá de traducción literal hacia una comprensión profunda de cómo los lectores angloparlantes procesan, evalúan y responden a diferentes tipos de contenido escrito.

8.1 Estructuras de escritura para diferentes propósitos

La diversidad de propósitos comunicativos en el inglés escrito moderno requiere un repertorio sofisticado de estructuras textuales, cada una diseñada para maximizar el impacto dentro de contextos específicos. Esta especialización estructural reconoce que los lectores contemporáneos operan bajo presiones de tiempo extremas y filtros de atención cada vez más selectivos, lo que significa que los escritores tienen ventanas de oportunidad muy limitadas para capturar interés, transmitir mensajes clave, y motivar acciones deseadas.

El dominio de estructuras específicas para diferentes propósitos no es meramente una cuestión de seguir fórmulas rígidas sino de comprender los principios psicológicos y culturales que hacen que ciertas organizaciones textuales sean más efectivas que otras en contextos particulares. Los lectores angloparlantes han desarrollado expectativas específicas sobre cómo diferentes tipos de documentos deben organizarse, qué información debe aparecer dónde, y cómo las ideas deben conectarse para facilitar comprensión y persuasión máximas.

El email profesional representa quizás el formato de escritura más crítico para profesionales que trabajan en entornos internacionales, donde la capacidad de comunicarse efectivamente atrav.és de correo electrónico puede determinar oportunidades de carrera, éxito de proyectos, y desarrollo de relaciones laborales productivas. Sin embargo, la escritura efectiva de emails profesionales en inglés requiere mucho más que traducir convenciones de email españolas; requiere comprensión de expectativas culturales específicas sobre brevedad, directness, cortesía, y llamadas a la acción que pueden diferir significativamente entre culturas empresariales.

Los subject lines que generan apertura funcionan como el elemento más crítico del email profesional porque determinan si el mensaje será leído, ignorado, o eliminado inmediatamente. La psicología de subject lines efectivos reconoce que los receptores de email profesional típicamente escanean decenas o cientos de mensajes diariamente, tomando decisiones de apertura en fracciones de segundo basándose únicamente en información disponible en la línea de asunto. Esta realidad significa que los subject lines efectivos deben comunicar instantáneamente tanto el contenido como la urgencia del mensaje mientras diferenciándose de la masa de emails genéricos que compiten por atención.

La construcción de subject lines efectivos opera según principios específicos que balancean especificidad con brevedad, urgencia con profesionalismo, y claridad con intriga. Subject lines como "Quick question about Friday's presentation" proporcionan especificidad suficiente para context mientras indicando que la respuesta requerida será breve y fácil. "Action needed: Budget approval by Thursday" combina urgency con specific timeline, clarifying both content y expectativas temporales. "Follow-up: Next steps from client meeting" establece continuity con previous interaction mientras promising concrete information.

La efectividad de subject lines también depende de comprensión de filtros automáticos y behaviors de sorting que muchos profesionales utilizan para managing high email volumes. Subject lines que incluyen palabras como "urgent" sin justification apropiada pueden triggering spam filters o crear reputación de sender que exagera importance. Conversely, subject lines demasiado vagos como "Question" o "Update" proporcionan insufficient information para prioritization y frecuentemente resultan en delayed responses o complete neglect.

Los bodies de email que generan acción requieren arquitectura textual que guía readers eficientemente desde context inicial hacia specific actions deseadas. Esta estructura reconoce que readers de email profesional típicamente escanean content buscando información clave específica: por qué están recibiendo el email, qué información necesitan procesar, y qué actions deben tomar. La organización efectiva de email body facilita este scanning process mientras ensuring que messages críticos no se pierdan en text density.

La estructura SCRAP (Situation, Complication, Resolution, Action, Politeness) proporciona framework robusto para organizar email content que maximiza clarity y response rates. La section Situation establece context briefly, answering el "why" del email. Complication identifies specific issues, challenges, o questions que require attention. Resolution propone solutions, provides information, o outlines approaches para addressing complications. Action specifica exactly qué recipient debe hacer, cuándo, y cómo. Politeness closes professional tone mientras maintaining relationship positive.

La implementation efectiva de esta estructura requiere attention a transition phrases que guide readers smoothly between sections mientras maintaining professional tone. Phrases como "I'm writing to follow up on", "The challenge we're facing is", "I'd recommend that we", y "Could you please" provide clear signals sobre función de cada section mientras maintaining conversational flow que feels natural rather than formulaic.

La escritura académica en inglés operates según conventions distinctly different desde email profesional, requiring understanding de expectations específicas sobre evidence presentation, argument development, y scholarly tone que characterize academic discourse. Academic writing prioritiza precision, objectivity, y systematic argumentation que builds credibility through careful reasoning rather than personal persuasion o emotional appeal.

Los thesis statements efectivos function como roadmaps que guide readers through complex arguments mientras establishing clear positions que authors will defend throughout texts. Effective thesis statements in English academic writing typically appear early in introductory paragraphs y combine specificity sobre argument scope con clarity sobre author's position. Rather than simply announcing topics, effective thesis statements make arguable claims que require evidence y reasoning para support.

Construction de thesis statements efectivos requires balancing specificity con manageability, ensuring que claims son substantial enough para merit extended discussion pero focused enough para comprehensive treatment within paper constraints. Thesis statements como "Social media platforms have fundamentally altered political discourse by creating echo chambers, facilitating misinformation spread, y reducing complex issues para sound bites" provide clear roadmap para paper organization mientras establishing specific, arguable position que requires evidence para support.

Los topic sentences serve como thesis statements para individual paragraphs, establishing specific focus para each section mientras connecting back para overall argument development. Effective topic sentences preview paragraph content mientras demonstrating clear relationship para broader thesis, creating coherent flow que helps readers follow argument progression without confusion o repetition.

Las conclusiones poderosas in academic writing move beyond simple summary hacia synthesis que demonstrates significance de arguments presented y implications para broader understanding. Rather than merely restating main points, effective conclusions show how evidence presented changes understanding, opens new questions, o suggests directions para future research. This approach leaves readers con sense de intellectual journey completed rather than simple information dump terminated.

Creative writing para blogs, stories, y social media requires completely different approach que prioritiza engagement, personality, y authentic voice over academic objectivity o professional formality. Creative writing in English emphasizes storytelling techniques que create emotional connection con readers mientras delivering information o entertainment value que keeps audiences returning para more content.

Las técnicas narrativas efectivas para digital platforms recognize que online readers have extremely short attention spans y face constant competition desde other content sources. This reality requires creative writers para master techniques como compelling openings que immediately grab attention, conversational tone que feels personal y accessible, y strategic use de multimedia elements que enhance rather than distract desde written content.

Blog writing particularly benefits desde storytelling approaches que transform informational content into narrative journeys que readers can follow emotionally as well as intellectually. Rather than presenting facts directly, effective blog posts often begin con personal anecdotes, use metaphors y analogies para explain complex concepts, y incorporate reader questions y responses para create sense de conversation rather than lecture.

Social media writing requires extreme concision combined con personality que stands out in crowded feeds donde hundreds de posts compete para attention simultaneously. Effective social media writing masters techniques como hook sentences que stop scrolling, strategic use de hashtags para expand reach, y call-to-action phrases que encourage engagement rather than passive consumption.

8.2 Claridad y concisión al estilo anglosajón

La tradición de escritura anglosajona opera bajo principios fundamentalmente diferentes a los que caracterizan la escritura académica y profesional en español, priorizando economía de lenguaje, directness, y eficiencia comunicativa sobre elaboración estilística o demostración de erudición através de complejidad sintáctica. Esta diferencia cultural profunda puede crear conflictos significativos para hispanohablantes que han internalizado normas de escritura que valoran abundancia lexical, construcciones sintácticas elaboradas, y desarrollo extenso de ideas como marcadores de competencia intelectual y respeto hacia el lector.

La comprensión de estas diferencias estilísticas va mucho más allá de preferencias superficiales hacia valores culturales fundamentales sobre comunicación efectiva. La tradición anglosajona, particularmente en contextos empresariales y académicos contemporáneos, considera que el tiempo del lector es extremadamente valioso y que la responsabilidad del escritor es transmitir información máxima con esfuerzo mínimo por parte del receptor. Esta filosofía comunicativa contrasta con tradiciones que priorizan demostración de respeto a través de elaboración cuidadosa y desarrollo comprehensivo de contexto antes de llegar a puntos principales.

La eliminación de redundancias representa quizás el aspecto más desafiante de esta adaptación estilística porque requiere reconceptualizar completamente qué constituye escritura efectiva versus escritura que puede percibirse como abrupta o insuficientemente desarrollada. La economía del lenguaje en inglés no significa eliminar información importante sino eliminar cualquier palabra, frase, o construcción que no contribuya directamente al objective comunicativo principal del texto.

Esta economía opera a múltiples niveles simultáneamente, desde elección de palabras individuales hasta estructuras de oraciones y organización de párrafos. A nivel lexical, la preferencia anglosajona favorece words shorter y más direct sobre alternatives más elaboradas cuando ambas opciones comunican el mismo meaning. "Use" típicamente se prefiere sobre "utilize", "help" sobre "facilitate", y "show" sobre "demonstrate", no porque las alternatives sean incorrectas sino porque las opciones más simples comunican identical meaning con menos esfuerzo cognitivo para el reader.

A nivel syntactic, la economía del lenguaje elimina construcciones que añaden length sin añadir meaning. Phrases como "in order to" típicamente se reducen a "to", "due to the fact that" se simplifica a "because", y "at this point in time" se reemplaza con "now". Estas reducciones no represent dumbing down del content sino optimization para clarity y efficiency que respeta las demands cognitivas que readers contemporáneos face.

La elimination de redundancia también extends hacia elimination de información que readers can reasonably infer desde context. Rather than stating "In my personal opinion, I believe that", effective writing simply presents the viewpoint directly. Instead de "It is interesting to note that the data shows", the content proceeds immediately para "The data shows". This approach trusts readers para understand context without explicit guidance para every interpretive step.

Advanced practitioners de concise writing develop sensitivity para semantic redundancy donde different words or phrases communicate essentially identical information. Phrases como "future plans" contain redundancy because plans inherently refer para future actions. "End result" is redundant because results represent endpoints by definition. "Close proximity" duplicates meaning since proximity already indicates closeness. Identifying y eliminating these redundancies creates prose que moves efficiently toward important content.

La preference para active voice en English writing stems desde multiple factors que make active constructions generally more effective para communication clarity y reader engagement. Active voice typically creates shorter, more direct sentences que clearly identify agents responsible para actions described. This clarity becomes particularly important en professional y academic contexts donde accountability y precision son crucial para understanding y decision-making.

Active voice constructions también create more dynamic, engaging prose que helps maintain reader attention através de longer documents. "The committee approved the proposal" creates more sense de immediacy y action than "The proposal was approved by the committee." This difference becomes magnified across entire documents donde consistent active voice creates momentum que carries readers forward more effectively than passive alternatives.

However, la preference para active voice is not absolute, y effective writers understand cuándo passive constructions serve specific communicative purposes better than active alternatives. Passive voice appropriately emphasizes objects de actions rather than agents cuando the object is more important para the discussion. Scientific writing often appropriately uses passive voice para maintain focus sobre phenomena studied rather than researchers conducting studies.

Passive voice también serves diplomatic functions en sensitive communications onde direct assignment de responsibility might create conflict or defensiveness. "Mistakes were made" allows acknowledgment de problems without explicitly blaming individuals, though this approach should be used judiciously para avoid appearing evasive when accountability is important.

La strategic use de voice depends upon understanding audience expectations y document purposes. Technical documentation might appropriately use passive voice para maintain focus sobre procedures rather than performers. Creative writing might alternate between voices para create varied rhythm y emphasis. Business communication typically benefits desde active voice para clarity y decisiveness.

La puntuación con propósito transforms punctuation desde mechanical grammar requirement hacia rhetorical tool que controls reader experience, creates emphasis, y establishes rhythm que enhances meaning transmission. Effective punctuation guides readers através de complex ideas, signals relationships between concepts, y creates pauses que allow processing de dense information.

Comma usage en English serves multiple functions que extend beyond basic grammatical rules hacia sophisticated control de sentence rhythm y information hierarchy. Strategic comma placement can change meaning dramatically, control reading pace, y guide reader attention para most important elements. "The students, who were prepared, passed easily" creates different meaning desde "The students who were prepared passed easily" through comma placement que signals whether the clause is restrictive o non-restrictive.

Semicolons function as bridges que connect related ideas more closely than periods allow while maintaining separation que commas cannot provide. This punctuation mark enables writers para create complex relationships between ideas without resorting para conjunctions que might create wordiness. "Revenue increased significantly this quarter; however, expenses rose even more dramatically" creates specific logical relationship que guides reader understanding de contradiction between related facts.

Dashes serve multiple rhetorical functions que can dramatically enhance writing effectiveness cuando used strategically. Em dashes can create emphasis through interruption, provide space para elaboration within sentences, o signal abrupt changes en direction que mirror natural thought processes. "The solution—if one exists—will require unprecedented cooperation" uses dashes para create parenthetical comment que emphasizes uncertainty while maintaining sentence flow.

8.3 Edición y pulido profesional

La transformación desde draft inicial hacia polished professional document requires systematic approach para editing que addresses multiple levels de text improvement simultaneously. This process extends far beyond simple proofreading para grammar y spelling errors toward comprehensive revision que enhances clarity, strengthens arguments, improves organization, y ensures appropriate tone para intended audience. Professional editing recognizes que first drafts, regardless de writer's skill level, represent initial explorations de ideas que require refinement para achieve maximum impact.

Effective self-editing requires developing critical distance desde one's own work, which presents particular challenges since writers naturally become attached para their initial formulations y may struggle para recognize areas requiring improvement. This challenge intensifies para non-native speakers que may lack confidence para make significant changes para text que already required considerable effort para produce. However, systematic editing approaches can help writers develop objectivity needed para improving their work significantly.

Los errores más comunes de hispanohablantes en English writing stem desde systematic differences between languages que create predictable interference patterns. These errors often persist even among advanced speakers because they result desde deeply internalized linguistic patterns rather than simple lack de knowledge. Recognition de these patterns enables targeted correction que can dramatically improve writing quality with focused effort.

False friends represent one de most persistent error categories, where words que appear similar between Spanish y English carry different meanings o connotations. "Realize" y "realizar" exemplify this challenge, donde Spanish speakers might write "I will realize this project" cuando they mean "I will carry out this project." Similarly, "actual" y "actual" create confusion since

English "actual" means "real" while Spanish "actual" means "current."

Article usage creates systematic challenges because Spanish y English article systems operate según different rules. Spanish speakers often omit articles where English requires them o include articles donde English prohibits them. "The life is beautiful" reflects Spanish article patterns inappropriately applied para English, mientras "I am studying medicine" omits required article desde Spanish patterns donde articles before subjects de study are optional.

Preposition selection represents another persistent challenge área where Spanish patterns interfere con English usage. Phrases como "depend of" instead de "depend on" o "interested on" rather than "interested in" reflect systematic differences en how languages structure prepositional relationships. These errors often persist because preposition usage rarely follows logical patterns que can be memorized easily.

Word order, particularly con adverbs y adjectives, creates subtle but noticeable errors que mark text as non-native. Spanish speakers might write "a car red" o place adverbs en positions que sound awkward para native speakers. "I speak very well English" reflects Spanish adverb placement patterns que sound unnatural en English contexts.

Verb tense usage, particularly perfect tenses y conditional constructions, creates ongoing challenges porque these systems operate differently between languages. Spanish speakers might overuse present perfect en contexts donde simple past is more appropriate, o they might struggle con complex conditional constructions que require precise sequencing de tenses.

Register appropriateness represents more subtle but equally important challenge área where Spanish speakers might choose formal o informal language inconsistently, creating tone problems que undermine professional credibility. Understanding cuándo para use contractions, how formal para make vocabulary choices, y which constructions sound appropriately professional requires cultural knowledge que extends beyond grammatical correctness.

Herramientas tecnológicas inteligentes have evolved far beyond basic spell checkers toward sophisticated systems que can identify complex grammar issues, suggest style improvements, y even analyze tone y readability. These tools can provide valuable support para non-native speakers, but their effective use requires understanding both their capabilities y limitations para avoiding over-reliance que might impede continued learning.

Grammar checkers como Grammarly, ProWritingAid, y built-in tools en word processors can identify many systematic errors que Spanish speakers commonly make. These tools excel at catching false friends, preposition errors, y basic grammatical mistakes que might escape notice durante self-editing. However, they often struggle con context-dependent decisions, nuanced style choices, y sophisticated rhetorical strategies que require human judgment.

Style analysis tools can help writers understand whether their text achieves appropriate tone, clarity, y conciseness para intended audience. These tools might identify passive voice overuse, sentence length problems, o vocabulary complexity issues que affect readability. However, writers must understand que these suggestions are guidelines rather than absolute rules, y effective writing sometimes intentionally violates common recommendations para specific rhetorical purposes.

Advanced AI writing assistants can provide more sophisticated feedback sobre content organization, argument development, y persuasiveness. These tools might suggest alternative phrasings, identify logical gaps, o recommend structural improvements. However, maintaining authentic voice y personal style requires careful evaluation de AI suggestions rather than automatic acceptance.

Peer review strategies provide irreplaceable value porque human readers can identify issues que technological tools cannot detect, particularly regarding clarity, persuasiveness, y cultural appropriateness. Effective peer review requires structured approaches que help reviewers provide useful feedback mientras protecting writers desde criticism que might be discouraging rather than constructive.

Establishing clear objectives para peer review sessions helps focus feedback sobre most important improvement areas rather than overwhelming writers con excessive suggestions. Reviews might focus specifically sobre clarity, organization, argument strength, o tone, depending upon document purpose y writer's development needs.

Training peer reviewers para provide constructive feedback requires teaching specific techniques para identifying problems mientras suggesting solutions. Rather than simply noting "this is unclear," effective reviewers explain why confusion occurs y suggest specific strategies para improvement. Rather than criticizing overall quality, they identify specific strengths while noting particular areas requiring attention.

Reciprocal review relationships, donde writers exchange documents para mutual feedback, can provide ongoing support para continued improvement. These relationships work best cuando participants commit para regular exchange y maintain focus sobre helpful, growth-oriented feedback rather than merely identifying errors.

Professional editing services provide expert-level feedback para high-stakes documents, but selecting appropriate services requires understanding different types de editing y matching service level para document needs y budget constraints. Developmental editing focuses sobre large-scale issues como organization y argument structure, mientras copy editing addresses sentence-level clarity y correctness.

Capítulo 9: Inmersión Cultural y Competencia Intercultural

El 45% de la comunicación en inglés es no-verbal y culturalmente específica. Dominar el idioma sin entender la cultura es como tener un Ferrari sin gasolina.

Esta comparación ilustra una realidad que millones de estudiantes de inglés descubren dolorosamente cuando intentan aplicar sus habilidades lingüísticas en contextos reales: la competencia técnica en gramática, vocabulario y pronunciación puede resultar completamente insuficiente para navegar exitosamente las complejidades de la comunicación intercultural. Los malentendidos más significativos en interacciones internacionales rara vez surgen de errores gramaticales o pronunciación imperfecta, sino de interpretaciones incorrectas de señales culturales, violaciones inadvertidas de normas sociales, o aplicación inapropiada de marcos de referencia culturales que funcionan perfectamente en contextos hispanohablantes pero que crean confusión o incluso ofensa en entornos angloparlantes.

La competencia intercultural trasciende el conocimiento superficial de curiosidades culturales hacia una comprensión profunda de los sistemas de valores, patrones de pensamiento, y marcos de referencia que influencian cómo diferentes culturas organizan la experiencia social, interpretan comportamientos, y construyen significado en interacciones cotidianas. Esta comprensión se vuelve particularmente crucial en un mundo globalizado donde el inglés funciona como lingua franca entre personas de culturas extremadamente diversas, cada una aportando sus propias expectativas y interpretaciones a encuentros comunicativos aparentemente simples.

9.1 Códigos culturales del mundo angloparlante

Los códigos culturales que gobiernan la comunicación en sociedades angloparlantes operan según principios fundamentales que pueden contrastar dramáticamente con las normas comunicativas que caracterizan las culturas hispanohablantes. Estos códigos no son reglas explícitas que los miembros de la cultura aprenden conscientemente, sino patrones profundamente internalizados de comportamiento, interpretación y expectativa que se adquieren através de socialización temprana y se refuerzan constantemente através de millones de interacciones sociales cotidianas.

La comprensión de estos códigos culturales requiere reconocer que representan sistemas coherentes de organización social que han evolucionado para servir funciones específicas dentro de contextos históricos, geográficos y económicos particulares. No son superiores o inferiores a otros sistemas culturales, sino diferentes respuestas a desafíos universales de organización social, coordinación grupal, y construcción de significado compartido. Sin embargo, cuando individuos de diferentes sistemas culturales interactúan sin comprensión de estas diferencias, las interpretaciones erróneas son prácticamente inevitables.

La distinción entre comunicación high-context y low-context, desarrollada por el antropólogo Edward T. Hall, proporciona un marco fundamental para comprender por qué los angloparlantes frecuentemente son percibidos como directos, blunt, o incluso rudos por personas de culturas que priorizan comunicación más indirecta y contextualmente rica. Esta diferencia no refleja personalidades individuales sino sistemas culturales completamente diferentes para organizar y transmitir información en interacciones sociales.

Las culturas high-context, que incluyen la mayoría de las sociedades hispanohablantes, embeben significado comunicativo en contexto situacional, relaciones históricas entre participantes, señales no verbales sutiles, y comprensión compartida que no necesita articularse explícitamente. En estas culturas, decir exactamente lo que uno piensa puede considerarse socialmente inapropiado, culturalmente insensible, o incluso agresivo. La comunicación efectiva requiere habilidad para leer entre líneas, interpretar señales indirectas, y comprender implicaciones que nunca se declaran abiertamente.

En contraste, las culturas low-context, que caracterizan la mayoría de las sociedades angloparlantes, priorizan transmisión explícita de información con mínima dependencia en contexto implícito o comprensión previa entre participantes. Esta preferencia cultural surge de sociedades históricamente más móviles y diversas donde individuos frecuentemente interactúan con extraños o conocidos superficiales, haciendo imposible depender de contexto compartido extenso para comunicación efectiva.

Esta diferencia fundamental explica por qué los angloparlantes típicamente valoran directness, explicitness, y clarity como virtudes comunicativas, mientras que personas de culturas high-context pueden interpretar estos mismos comportamientos como rudeness, insensitivity, o lack of sophistication. Cuando un anglohablante dice "I disagree with your proposal", están siguiendo normas culturales que valoran honesty y efficiency. Sin embargo, alguien de una cultura high-context podría interpretar esta directness como personal rejection o disrespect, esperando en cambio expresiones más indirectas como "That's an interesting perspective, though I wonder if we might consider alternative approaches."

La navegación exitosa de esta diferencia cultural requiere desarrollar flexibilidad comunicativa que permite adaptar styles según contexts y audiences específicas. En entornos profesionales angloparlantes, la capacidad de comunicarse directamente sin aparecer agresivo se convierte en una habilidad crucial que puede determinar effectiveness profesional y advancement opportunities. Esto no significa abandonar sensitivity cultural sino desarrollar competence en múltiples communication styles según situational demands.

La práctica efectiva de esta adaptación cultural comienza con observation consciente de how native English speakers navigate directness en diferentes contexts. Business meetings típicamente embrace directness más que social gatherings. Email communication frecuentemente uses more direct language than face-to-face conversations. Understanding these contextual variations helps non-native speakers calibrate their communication appropriately.

Personal space y contacto físico representan otro código cultural fundamental que opera según reglas específicas en sociedades angloparlantes, creando límites invisibles pero estrictamente monitoreados que pueden resultar confusing o uncomfortable para individuos de culturas con different spatial norms. Estas normas espaciales no son arbitrary sino que reflejan valores culturales profundos sobre individualidad, privacy, y appropriate social boundaries que han evolved over centuries de social development.

Las expectativas de personal space en culturas angloparlantes típicamente requieren greater physical distance entre individuals durante interactions que lo que might feel natural para personas de culturas hispanohablantes donde closer proximity indica warmth, friendship, y social connection. Esta diferencia puede crear miscommunications significantes donde attempts para establish closeness son interpreted como invasiveness, mientras que maintenance de appropriate distance puede ser perceived como coldness o rejection.

Understanding appropriate personal space requires recognizing que these boundaries vary según relationship types, social contexts, y specific cultural subgroups. Professional interactions típicamente require greater distance than personal friendships. Formal events demand more space than casual gatherings. Urban environments often necessitate different spatial negotiations than rural settings. Gender relationships, age differences, y power dynamics all influence appropriate spatial arrangements en ways que pueden ser subtle pero socially significant.

La navigation exitosa de personal space norms requiere developing sensitivity para non-verbal cues que indicate comfort o discomfort con current spatial arrangements. Native speakers unconsciously adjust spacing based on subtle signals, y learning para recognize y respond apropiadamente para these cues becomes crucial para successful social integration. Signs de spatial discomfort might include backing away, creating barriers con objects, o decreased eye contact, mientras comfort might be indicated através sustained engagement, relaxed posture, y natural conversation flow.

Physical contact norms present even more complex cultural terrain donde inappropriate touch can create serious social o professional consequences. Anglo cultures generally maintain stricter boundaries around physical contact than many Hispanic cultures, particularly en professional environments donde touch beyond handshakes puede be interpreted como inappropriate o even harassment. These restrictions reflect legal frameworks, professional standards, y cultural values que prioritize individual autonomy y consent en physical interactions.

Understanding appropriate touch requires recognizing contextual factors que determine cuando physical contact is welcome versus inappropriate. Handshakes remain standard professional greeting across most Anglo contexts, but duration, firmness, y eye contact durante handshakes communicate important social information. Hugs may be appropriate entre close friends pero inappropriate en business contexts. Congratulatory touches como pats sobre shoulders might be acceptable en some informal settings pero could create discomfort en formal environments.

Time perception represents perhaps one de most subtle pero pervasive cultural differences entre societies, affecting everything desde meeting punctuality para project planning, relationship development, y life priorities. The distinction entre monochronic y polychronic time orientations, también developed by Edward T. Hall, explains fundamental differences en how cultures organize activities, prioritize commitments, y understand appropriate use de temporal resources.

Monochronic time orientation, characteristic de most Anglo cultures, treats time como finite, measurable resource que debe be managed efficiently para achieve maximum productivity. This orientation leads para cultural values que prioritize punctuality, schedule adherence, advance planning, y sequential task completion. En monochronic cultures, being late para appointments indica disrespect para others' time, mientras maintaining schedules demonstrates professionalism y reliability.

Esta time orientation manifests en countless daily practices que Anglo speakers take para granted pero que may feel restrictive o artificial para individuals desde polychronic cultures. Business meetings start precisely at scheduled times y follow structured agendas. Social invitations specify exact arrival times que guests are expected para honor. Project deadlines are considered firm commitments rather than general guidelines. Personal relationships often must be scheduled around work commitments rather than taking precedence over professional obligations.

Polychronic time orientation, más common en Hispanic cultures, treats time como flexible resource que should serve relationship maintenance y holistic life satisfaction rather than rigid productivity goals. Esta orientation values adaptability, responsiveness para immediate human needs, y integration de multiple activities simultaneously. En polychronic cultures, strict adherence para schedules might be seen como insensitive para human concerns, mientras flexibility demonstrates care para people over abstract time constraints.

Las implications de this fundamental difference extend far beyond punctuality hacia comprehensive differences en life organization, priority setting, y stress management. Monochronic cultures create anxiety cuando schedules are disrupted pero provide predictability que facilitates complex coordination entre multiple parties. Polychronic approaches sacrifice some efficiency pero maintain greater responsiveness para unexpected opportunities o emergencies que require immediate attention.

Successful intercultural navigation requires understanding cuándo para adapt para monochronic expectations versus cuando polychronic approaches might be more appropriate. Professional environments en Anglo cultures almost universally expect monochronic behavior, mientras personal relationships might allow greater flexibility. International business dealings often require negotiating entre different time orientations para achieve mutually satisfactory arrangements.

9.2 Navegación de situaciones sociales complejas

La navegación exitosa de situaciones sociales complejas en contextos angloparlantes requiere mucho más que competencia lingüística; demanda comprensión sofisticada de dinámicas sociales, expectativas culturales, y protocolos implícitos que gobiernan diferentes tipos de interacciones. Estas situaciones presentan desafíos únicos porque combinan presión lingüística con demandas sociales, creando contextos donde errores pueden tener consecuencias que van mucho más allá de simples malentendidos comunicativos hacia impactos en relaciones profesionales, oportunidades de networking, y integración social general.

La complejidad de estas navegaciones surge del hecho de que las normas sociales angloparlantes frecuentemente operan según principios implícitos que los nativos han internalizado através de décadas de socialización pero que pueden resultar completamente opacos para individuos de diferentes backgrounds culturales. Estos principios incluyen no solo qué decir en diferentes situaciones sino también cómo decirlo, cuándo permanecer callado, cómo leer señales no verbales, y cómo responder apropiadamente a diferentes tipos de invitaciones sociales o provocaciones.

Small talk mastery representa una de las habilidades sociales más subestimadas pero cruciales para integración exitosa en culturas angloparlantes. Aunque el término "small talk" sugiere conversación trivial o superficial, esta caracterización malinterpreta completamente la función social sofisticada que cumple este tipo de intercambio comunicativo en sociedades angloparlantes. El small talk efectivo funciona como ritual social complejo que establece rapport, evalúa compatibilidad social, crea comfort entre extraños, y proporciona foundation para relationships más profundas que pueden desarrollarse posteriormente.

El arte de la conversación superficial con propósito requiere comprensión de que cada intercambio de small talk serves múltiples funciones simultáneamente. A nivel superficial, participants exchange información básica sobre weather, current events, o experiences compartidas. Sin embargo, a niveles más profundos, están evaluating social compatibility, establishing común ground, demonstrating cultural literacy, y creating conversational space donde más meaningful interactions pueden emerger si ambas parties están interesadas.

La maestría del small talk comienza con developing un repertorio de topics y approaches que función reliably across different social contexts. Weather remains universally safe topic porque everyone experiences it, requiere no specialized knowledge, y provides natural opportunities para transition hacia other subjects. Current events pueden work well pero require careful navigation para avoid controversial political o social issues que might create conflict rather than connection.

Personal experiences offer richer conversational material pero require careful calibration para share appropriate levels de detail. Stories about recent travels, professional challenges, family experiences, o hobby pursuits pueden create genuine connections cuando shared at appropriate depth para relationships level. The skill lies en gauging cuánto detail para share y cuándo para invite reciprocal sharing desde conversation partners.

Effective small talk también requires mastery de transition techniques que move conversations forward naturally mientras maintaining engagement desde all participants. Questions que demonstrate genuine interest mientras providing opportunities para others para share create positive conversational dynamics. Comments que build upon previous statements show active listening y encourage continued sharing. Observations about shared environments o experiences create immediate common ground que can support extended interaction.

Networking en inglés extends far beyond simple business card exchanges hacia sophisticated process de building authentic professional relationships que can provide mutual value over extended periods. Successful networking en contexts angloparlantes requires understanding cultural values que prioritize genuine relationship building over transactional exchanges, long-term value creation rather than immediate benefit extraction, y reciprocal support systems rather than one-sided assistance requests.

Building rapport en professional networking contexts demands authentic interest en others' work, challenges, y aspirations rather than purely self-promotional behavior. Anglo professional cultures generally respond positively para individuals who demonstrate genuine curiosity about others' expertise, ask thoughtful questions about industry trends o professional development, y offer relevant insights o connections que might benefit conversation partners. This approach creates positive impressions que can lead para meaningful professional relationships.

Maintaining relationships requires consistent but non-intrusive contact que provides value without creating burden. Professional relationship maintenance might include sharing relevant articles, making introductions entre mutual contacts, extending invitations para relevant events, o simply checking en periodically para maintain connection. The key lies en providing value rather than merely requesting assistance, creating relationships que function as mutual support networks rather than one-sided benefit systems.

Effective networking también requires developing elevator pitch capabilities que can communicate professional background, current objectives, y potential value propositions concisely y compellingly. These presentations must be adaptable para different audiences y contexts whilst maintaining authenticity y avoiding overly rehearsed delivery que might sound artificial o self-serving.

Conflict resolution represents perhaps the most delicate área de social navigation, requiring abilities para disagree politely, provide constructive criticism, y address conflicts directly mientras maintaining positive relationships y professional reputations. Anglo cultures generally expect direct but respectful approach para conflict resolution, favoring explicit discussion de issues rather than indirect communication o avoidance strategies que might be preferred en other cultural contexts.

Disagreeing politely requires mastering linguistic strategies que allow expression de alternative viewpoints without appearing confrontational, dismissive, o personally critical. Phrases como "I see your point, though I might approach it differently" acknowledge validity de others' perspectives whilst introducing alternative views. "That's one way para look at it, y I'd like para suggest another angle" validates existing contributions whilst expanding discussion para include different approaches.

Providing constructive criticism demands even greater linguistic sophistication because it requires delivering potentially unwelcome feedback en ways que promote improvement rather than defensiveness. Effective criticism focuses sobre specific behaviors o outcomes rather than personal characteristics, offers concrete suggestions para improvement, y frames feedback within supportive context que emphasizes shared goals y mutual success.

The sandwich method, donde critical feedback is preceded y followed by positive observations, can soften delivery whilst ensuring que constructive elements are heard y considered. However, this approach must be applied authentically rather than formulaically para avoid appearing patronizing o manipulative.

9.3 Consumo estratégico de medios y cultura pop

La inmersión estratégica en medios y cultura popular angloparlantes representa una de las metodologías más poderosas pero subutilizadas para desarrollar competencia cultural y lingüística simultáneamente. Esta aproximación trasciende el entretenimiento pasivo hacia engagement activo con content que puede acelerar dramatically la adquisición de patterns linguísticos naturales, cultural references, y social awareness que caracterizan la comunicación nativa fluida. Sin embargo, la efectividad de esta estrategia depende critically de selección inteligente, progression sistemática, y analysis consciente rather than consumption puramente recreativa.

El consumo estratégico reconoce que different types de media content provide different linguistic y cultural learning opportunities. Sitcoms como Friends offer extensive practice con conversational English, cultural humor, y social dynamics pero might not provide exposure para professional vocabulary o complex argumentation. Political dramas como House of Cards present sophisticated language, strategic thinking, y professional interactions pero might overwhelm beginners con rapid dialogue y specialized terminology. Documentary programs provide educational content y formal register practice pero might lack conversational naturalness que characterizes daily interactions.

Series y películas por niveles permite progression systematic desde content más accessible hacia materials increasingly challenging, ensuring que learners develop confidence y skills gradually whilst avoiding frustration que might result desde attempting overly difficult content prematurely. Esta progression debe considerar not only linguistic complexity sino también cultural sophistication, emotional intensity, y thematic appropriateness para different learning stages.

Friends represents an ideal starting point para many learners porque combines several advantageous characteristics para language acquisition. The show features relatively simple vocabulary, clear pronunciation, repetitive characters y situations que help viewers become familiar con recurring patterns, y abundant visual context que supports comprehension cuando dialogue becomes challenging. Additionally, the show's focus sobre everyday situations, relationships, y social interactions provides extensive exposure para conversational English que directly applies para real-world communications.

The progression desde Friends towards more challenging content like House of Cards represents significant leap en multiple dimensions simultaneously. House of Cards requires processing of rapid, sophisticated dialogue often delivered con subtle emotional undertones. The show's political content introduces specialized vocabulary, complex argumentation strategies, y cultural references que assume extensive background knowledge about American political systems y historical context. The psychological complexity de characters y situations demands advanced interpretive skills que go far beyond basic comprehension.

Intermediate stepping stones between these extremes might include workplace comedies like The Office, which introduce professional vocabulary y office culture whilst maintaining approachable humor y character development. Medical shows like Grey's Anatomy provide exposure para technical terminology whilst focusing heavily sobre personal relationships y emotional content que supports continued engagement. Legal dramas offer practice con formal argumentation y professional communication whilst often including personal storylines que maintain entertainment value.

Podcasts especializados offer unique opportunities para developing listening skills whilst exploring personal interests en English, creating dual benefits de language practice y hobby pursuit. The podcast medium provides several advantages para language learners, including ability para pause y replay difficult sections, access para transcripts en many cases, y exposure para diverse accents y speaking styles desde guests y hosts con different backgrounds.

Finding specialized niches en English that align con personal interests ensures sustained motivation whilst providing targeted vocabulary development relevant para specific domains. Technology enthusiasts might benefit desde podcasts about software development, artificial intelligence, o consumer electronics. History buffs could explore podcasts about specific historical periods, biographical series, o archaeological discoveries. Business professionals might focus sobre entrepreneurship, leadership, o industry-specific content relevant para their careers.

The key para effective podcast consumption lies en selecting content que matches current comprehension levels whilst providing slight challenge para continued growth. Beginners might start con educational podcasts designed para English learners before progressing para content created para native speakers. Intermediate learners could focus sobre interview-style shows donde conversation flows más naturally y guests often speak más slowly y clearly than en scripted content.

Advanced learners can tackle specialized content, debate shows, o narrative podcasts que require sustained attention y complex reasoning. True crime podcasts, for example, require following intricate storylines whilst processing legal terminology, psychological analysis, y investigative procedures. Political analysis shows demand understanding de current events, historical context, y complex argumentation strategies.

Participación en comunidades online provides opportunities para active practice con written English whilst engaging con shared interests, creating authentic motivation para communication whilst developing both formal y informal writing skills. Online communities operate según different cultural norms than face-to-face interactions, requiring understanding de digital communication etiquette, internet slang, y platform-specific conventions que govern effective participation.

Reddit represents particularly rich environment para English practice porque its diverse communities cover virtually every conceivable interest mientras maintaining relatively welcoming atmosphere para thoughtful contributors. Different subreddits operate según distinct cultural norms, vocabulary sets, y discussion styles, providing opportunities para exploring various registers y communication approaches within single platform.

Effective Reddit participation requires understanding comment threading systems, upvoting/downvoting culture, y community-specific rules que govern acceptable content y behavior. Learning para provide valuable contributions rather than simply lurking develops active writing skills whilst building reputation within communities que can lead para meaningful connections y continued learning opportunities.

Discord servers offer real-time text y voice communication opportunities que bridge gap between formal writing practice y conversational skill development. Gaming communities, study groups, professional networks, y hobby-focused servers provide contexts para sustained interaction con English speakers who share common interests, creating natural environments para friendship development whilst practicing English skills.

Specialized forums dedicated para specific interests provide opportunities para in-depth discussions que develop advanced vocabulary y argumentation skills. Photography forums, cooking communities, financial discussion groups, y academic discipline-specific platforms offer exposure para technical terminology, expert opinions, y detailed analytical thinking expressed through written English.

The strategic approach para online community participation emphasizes quality over quantity, focusing sobre making meaningful contributions rather than simply increasing post counts. This approach develops reputation y relationships whilst ensuring que English practice serves authentic communicative purposes rather than artificial exercise completion.

www.ingramcontent.com/pod-product-compliance
Lightning Source LLC
Chambersburg PA
CBHW071836090426
42737CB00012B/2258